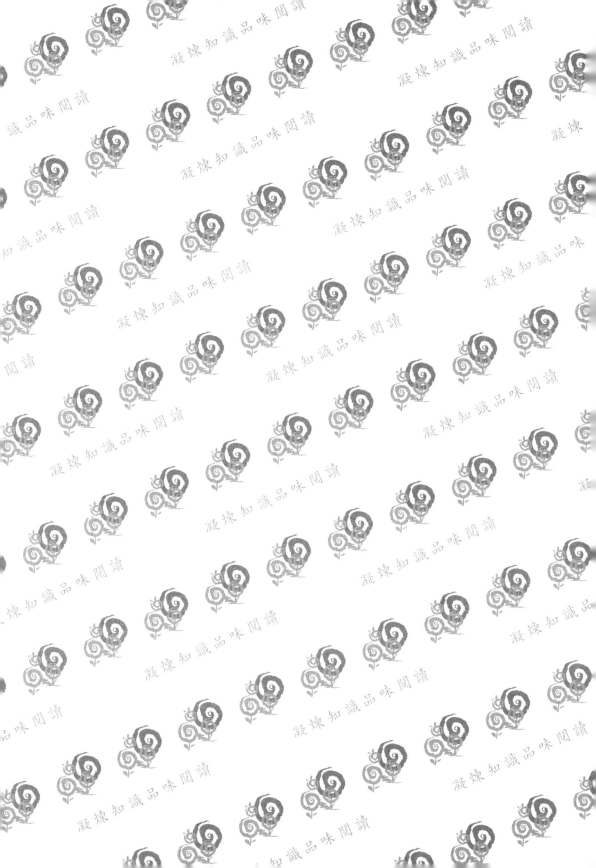

經營文化創意產業
由財務管理出發

施百俊　著

五南圖書出版公司 印行

序：懂文藝更要懂錢

文化創意產業是國家經濟重點發展方向。然而，從業人員多未經過（財務）管理相關訓練。尤其是人文藝術類科的學生（文創、藝文、傳播、設計……），普遍對數學缺乏信心；再加上部分有「窮藝術家」不食人間煙火的心態，往往有意無意間排斥「財務管理」相關科目，不擅處理金錢所帶來的種種問題，導致事業發展受阻，人生幸福也擦身而過。

從老師和學校的角度來看，傳統的財管科目／教科書，需要相當的會計、經濟、管理學基礎方能選修。文藝類科沒足夠時數可以建立這些基礎，導致教學的困難。從國家社會的角度來看，文化創意產業種種專案的投資、招標、管理、執行……都需要財務知識、創新事業更是不可或缺。然而從業人員多連最基礎的收支報表製作能力都沒有，不僅發展受限，也常遭「假文創」之譏。

懂文藝更要懂錢。本書的目標是為大專非管理類科，尤其是人文藝術類的師生提供一本不擅數學、沒學過會計也能學的財務管理教科書。內容涵蓋傳統財務管理（會計學、投資學、管理學、經濟學）的主要觀念。目標讀者是對於文化創意產業的財務管理有興趣的專業或業餘人士，只要求國小數學程度，會加減乘除就可以了。

本書採取「創新導向」的做法：特別針對新創事業所需財務知識予以解說，尤其強調文化創意產業所獨有的性質：如不確定性、無形資產價值……。並融合了最新的學科見解，包括行為經濟學、社會債券……。選材「實務導向」，書中各章都有文化創意產業應用案例，包括電影、電視、數位內容、出版、文化資產……等子產業。特別是針對微型企業、新創事業、個人理財一定會碰到的相關知識，會不厭其詳地重複說明。不談

大型企業關心的長期資本管理、金融工程等議題。同學學會馬上就可以用來提案、開辦事業。

　　本書的編排方式、主題順序，與傳統的財務管理教科書大不相同。刪除不適當、過時、艱深的理論和計算。適合作為非財務管理專業科系，一學期（三學分）的課程教材（每章長度不一，不一定每週上一章，但足夠18週以上。）。前兩篇屬於基礎知識：第一篇先談「財務管理的基本原理與操作」；第二篇「經營文創事業」談如何應用第一篇講過的內容。第三篇「金融商品」屬於進階課程，談如何用錢來賺錢？教師可以自行斟酌選擇授課。

　　我總是認為，「取得知識的方法」和「知識本身」一樣重要。因應資訊時代新的學習趨勢，課程內容會提供許多「超連結」，希望能讓有興趣的學者能找到相關更深入的資訊。範例表格全部用計算機、試算表軟體來處理。上課最好是在可上網的教室、同學自行攜帶筆記型電腦，因為有許多的課程範例都希望師生能一起直接從網路上取得資訊，即時練習。

　　書寫風格儘量口語化、生活化，以「故事」敘說，避免理論論述。課程重點都會特別標注、分點列舉、並且有章末的重點回顧，但請不要背誦，更不要拿來考選擇填充題。習題多為「開放式」問題，沒有標準答案。儘量避免繁雜計算，著重思考、推理和討論。希望能培養同學蒐集資料、教育自己的能力。因為畢竟，網路上什麼都有，重要的是知道自己要什麼。

　　最後想講的是，一本書的完成通常是數十人、甚至上百人心血的結晶。作者之功，十分之一而已。因此，我想先感謝張重金老師、黃靜儀老師、李欣蓉老師等專業人士，如果沒有他們的熱心貢獻，本書將無法完

成。感謝策劃出版本書的五南圖書出版公司，陳念祖主編以及其他辛勤同仁的敬業精神無人可比；協助本書編採工作的黃旭菁以及國立屏東大學文創系的各屆同學，辛苦了。本書內容若有任何可取之處，全歸功以上各位；若有任何疏漏缺失，則全是作者本人的責任。教材投影片、試算表電子檔等歡迎索取；或有任何批評指教，請來信：bj@bjshih.idv.tw

施百俊

www.bjshih.idv.tw

2017於台灣屏東

目
錄

c o n t e n t s

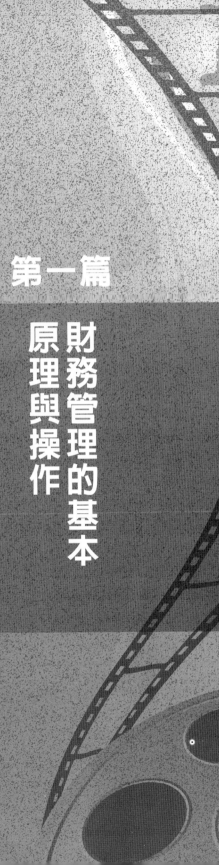

第一篇

財務管理的基本
原理與操作

財務管理就是一門處理金錢的學問。

第一章「金錢的本質」討論金錢如何被創造？被使用？被交換？影響到我們人類日常生活的各個層面。接著討論文創與金錢的關係，破解「窮藝術家」的迷思，建立健康的心態來學習這門課程。

第二章「金錢的時間價值」中，我們學習金錢的時間價值：金錢如何影響商品的價值？尤其是在文創商品上。計算現值與終值，學會用r折現。進一步，導出投資評估的準則：NPV、PP、IRR。

第三章「財務報表」則將提供一些基本的會計技能，將知識落實到金錢的基本操作：學會記帳，編製最基礎的財務報表——資產負債表、損益表、現金流量表。並且做簡單的分析。

別擔心，需要的數學只有小學程度而已。

第1章　金錢的本質

有兩樣東西主宰了我們的一生，愛情與金錢。

歌頌愛情的成篇累牘，教授金錢的卻屈指可數。

——時代精神運動[1]

第一節　金錢的想像

什麼是金錢（money）？請這樣思考：

假設你把一根香蕉和一張千元鈔票放在猴子面前，牠會選哪一樣？

毫無疑問，猴子會選香蕉；而一般正常人都會選鈔票。

很顯然，香蕉與鈔票之間有一種屬性區別，是人懂而猴子不懂的。也可以說，人瞭解鈔票代表的「價值」（value），而猴子不瞭解。因為這個區別，使得人類成為萬物之靈——在目前所知的生物中，只有人會選鈔票。

為什麼呢？因為人有「想像力」（imagination），把那薄薄的一張紙，想像成有價值的東西，拿來和別人交換其他有價值的東西，比如汽車、手機，當然還有香蕉。

我將以故事說明這種神奇的想像如何開始的——

很久很久以前，人類剛開始學會狩獵農耕，有個獵人打到一頭鹿回家。但是，他老婆卻說不想吃肉，想吃點馬鈴薯。於是獵人就得扛著鹿，到處去找人換馬鈴薯。如果運氣好，會剛好遇

1　https://www.youtube.com/user/sydstf

到種馬鈴薯的農夫想要吃鹿肉。兩人互相交換，就能滿足彼此的需求。但如果運氣不好，找不到這種農夫，獵人回家就只好挨罵了。於是我們知道，這種「以物易物」的交易型態，需要「恰巧」遇到正確的交易對象和正確的需求，並沒有那麼簡單。

如果獵人（或其他任何人）的需求更複雜，他想要馬鈴薯、舒服的房子和手機……，純粹想靠以物易物得到，更不可能成功。

於是，部落裡有個長老想到，不如，大家都把自己生產的東西換成他指定的「貝殼」（或獸骨、木片、石頭……啥都行）。然後，再彼此用貝殼來交易，事情就會簡化很多──這就是「錢」的濫觴，作為一種「交易媒介」。

貝殼要能夠逐行這樣的功能，最重要的是部落長老的背書（即權威機構的信用）。假設有某某人不承認貝殼的價值，部落長老（代表整個社會）可以施予適當的制裁。也就是說，錢必須有「信用」（credit）作基礎。否則它啥都不是，就只是個貝殼。

這時同學一定會，也應該要問一個很重要的問題：那，要用多少貝殼（錢），才能換得一隻鹿（商品）呢？也就是，某項商品的價格（price），到底怎麼決定出來的？

答案是：一開始可能是由部落長老隨意指定的。開始進入市場（market）交易後，太高的價格就沒人買，價格就會下降；太低的價格就會吸引很多人買，價格就會上漲。最終，達到一個均衡價格──這是不是聽起來很熟悉？這就是經濟學告訴我們的事實：商品價格由市場（供需均衡）決定。

使用貝殼作交易媒介有幾個問題：首先，它並不稀罕，很容易取得。任何人去海邊撿就能撿到一堆，於是，人們分不出到底是否能代表長老的信用，因而拒絕接受。其次，貝殼很容易損壞遺失，人們無法保存辛苦換來的錢。於是，部落長老只好去尋找更稀有、更耐用的東西來取代貝殼──以貴

金屬（金銀銅）來當作錢的時代就來臨了。拿來當交易媒介用的貴金屬製品，也被稱為「貨幣」。

黃金稀少、開採相對困難、又不容易毀損……種種優點，使得它成為貨幣的良好選擇。城裡開始出現金匠，專門冶煉生產黃金提供大家作為交易的媒介。獵人也好，農夫也好，都可以用自己生產的東西去交換黃金，再用黃金去交換自己所需要的東西。這時又產生了另一個問題：黃金是有價值的東西，存放在自家，萬一被偷了怎麼辦？

這時鎮上的有錢人（被偷風險比較高的人），比如說金匠自己，一定會打造一座金庫，好好妥善收藏自己的黃金。其他人看到了，就會和金匠商量，可不可以也把自家的黃金放在金匠的金庫，這樣比較安全？

居然有人願意把錢放在我的金庫？（想一想很有趣）金匠沒有理由不答應。於是寫了一張「收據」證明的確收了某某人的金子，金匠簽名掛保證：只要「存款人」憑這張收據（也可以說是「存款單」）來提領黃金，絕對沒問題。

這張收據可大有學問。同學只要仔細一想就能發現，這張收據也可以說是一張「借據」，代表金匠向某人借了黃金，存放在自己的金庫裡。這筆黃金就是「債務」（debt），金匠是借款人，存款人就是「債主」──也就是說，**錢就是債務**。

更有趣的是，存款人此後去市場裡買東西，再也不需要攜帶又沉又怕被偷的黃金，只要拿這張借據去付款就行了。收到借據的商家，憑借據去向金匠提領黃金，一樣可以拿到錢。

同學只要仔細一想就能發現，拿到借據的人根本也不用真的去提領黃金啊！有需要用錢的時候，再拿這張借據去當作錢使用──這個過程，可以反覆不斷的重複進行下去。也就是說，這張借據根本就被當作「錢」來使用了──這就是「鈔票」的起源。

到此為止，我們已經偷偷的把「錢」、「貨幣」、「收據」、「借

據」、「存款單」、「鈔票」……這幾個名詞混在一起使用了。它們本質上也都是相同的東西，必須以金匠的「信用」作為基礎。你看，人類的想像力有沒很厲害？把一張紙變成了可以換到溫飽的東西，比如香蕉。

接下來的發展更超乎想像——

金匠會發現，很多人把金子放在他的金庫裡，卻很少有人會來提取。原因很簡單，使用鈔票就很方便了啊，幹嘛來領又沉又麻煩的金子？金匠於是有了個很棒（爛）的想法：「反正金庫裡有的是黃金，何不直接發行鈔票？」

於是，金匠開始印鈔票（即借據、存款單、貨幣……），提供市場上流通使用。一樣附帶保證：可以憑券來領黃金。從這起，市場上就流通著這樣印著發行人（金匠）頭像的鈔票了。

接下來更絕——

金匠一定會發現，拿到他發行鈔票的人，也不太會來領黃金。理由同上。那麼，金庫裡有多少黃金，根本也沒人知道啊！所以，幹嘛有多少黃金才印多少鈔票？愛印多少就印多少！——這就現在各國政府在玩的把戲。

這把戲要能玩得好，祕訣在於「信用」——讓人相信金庫裡有黃金，而不一定真的有黃金。（同學可以仔細想想，人的想像力好神奇。）

到了電子化的時代，連那一張紙都不需要。錢也就是一連串的電子數據罷了。

接下來，更神奇的事情發生了——

金匠能自己印鈔票，當然就成了大家眼中的「有錢人」。於是，有些人創業投資或缺錢花用，第一個想到就是來找金匠借錢（貸款）。對金匠來說，反正鈔票是自己印的，有的是錢，這門生意不做白不做，就再借錢出去囉！到這裡，一筆新的債務又產生了。這次金匠是債主，放債給借款人。金匠會收到一張借據，上面載明還款條件和金額。

下面要說的是現代銀行業（也就是金匠）最大的祕密：金匠放貸出去的

錢，和他金庫裡有多少黃金「完全沒關係」（或說沒太大關係）。反正不太有人在乎他金庫裡有多少黃金啊！

也就是說：銀行（金匠）只要收到一張借據（貸款合約），就能創造一筆貸款，也就創造了一筆「新的錢」。

——這世界居然是銀行業在製造錢，委實令人不可思議。（只能說人類想像力驚人。）

當然，有的老師現在會跳出來糾正我：「這是錯誤觀念！政府（中央銀行）才能造錢。」傳統教科書也是這麼寫：「貨幣由政府管制發行。」

老實說，這觀念落伍了。政府的確會管制銀行業的放款數量，通常是1:10左右（隨政策變動），也就是說，金庫裡有1塊錢，才能放款大約10塊錢。但再仔細一想，這種管制漏洞百出，根本不可能做得好。比如說A銀行有1塊錢，就可以放款給B銀行10塊錢（憑空創造9塊錢）；B銀行有了10塊錢，就能再放款給C銀行（將近）100塊錢……如此循環下去，錢的數量只會越來越多，就像吹泡泡一樣，越來越大！

進入現代以後，銀行業一開始是以黃金「作底」來擔保放款，由各國政府定期／不定期進行金融檢查，幫社會大眾把關，防止貨幣泡沫化。第二次世界大戰以後，簽了一份「布列頓森林（Bretton Wood）協定」，各國約定使用「美元」作底；後來，很多國家都放棄了這份協定，自己的貨幣「自己擔保，自己把關」。

你在新聞裡常聽到政府（中央銀行）透過貨幣政策來調控經濟，比如調整「存款準備率」、「重貼現率」、「匯率」……，就是在調整貨幣的供應量。有沒聽出話中的玄機？各國政府自己扮演起「金匠」的角色。以政府自己的「信用」擔保自己發行的貨幣，然後自己把關有沒有超額放款！（嚇！我不能再說了。）

讀到這裡，同學是否感到有點累？又覺得很有趣呢？

我們來小結一下：

金錢是一種想像出來的虛構物，沒有實體。其本質上就是一筆債務，價值來源是人的信用。信用的本質是信賴（借錢的會還債）與信仰（人很誠實，說話算話），這都是人類的想像物，就像「神」、「上帝」、「自由」、「榮譽」……概念一樣。追本溯源，信用能產生價值，信用就是錢。各位同學，千萬要好好的保護你的信用才行啊！

　　也由於錢的虛構本質，用實體的東西如水、食物、能量……去比喻或想像，常常不盡然吻合其特徵。然而為了說明的需要，我們在本書中偶而還是會使用，特別在此說明。而且，為了讓同學專注在金錢的本質，會儘量「忽略」掉貨幣單位（如美元、新台幣、人民幣……）。為了方便計算，會儘量使用阿拉伯數字1, 2, 3……；也為了避免數字太長，以K = 1,000，M = 1,000K =1,000,000表示。商品的價量資訊表示為「數量@價格」，如「1M股，每股50元」則寫作「1M@50」。

第二節　文創與金錢

　　「文化創意產業」一詞，是由台灣率先喊出來的新詞彙，後來中國大陸也跟進喊「文創」，漸漸成為華人世界常用的通稱。究其起源，一般都認為是來自英國的「創意產業」（Creative Industries），含流行音樂、電影電視、商業設計……子產業[2]。後來，引進了美國對於「娛樂產業」（Entertainment Industries）以及日本的「內容產業」（Content Industry）的相關內容，形成了台灣獨特的「文創」生態。

　　壞就壞在這裡。當初台灣在「創意產業」上再加上個「文化」的帽子，用意在於培養「……源自創意或**文化**積累，透過智慧財產之形成及運用，具

2　詳細請參見《文化創意產業理論與實務》第1章。

有創造財富與就業機會之潛力」（《文化創意產業發展法》第三條定義）的產業，意圖把原先「文化」領域所累積的知識與經驗，也納入這個新興產業來發展——這用意原先是好的，如此一來，人文藝術、文化資產保存、社區營造、設計傳播……的人才與資源，都可以和創意產業（娛樂、內容）共存共榮。只不過，政策制定者忽略了一個極重要的事實：這兩類（研究）領域的學問基礎截然不同。導致後來發展的路上不斷產生衝突與矛盾。典型的爭議例如：文化人稱娛樂圈為「假文創」；而娛樂圈抱怨文化人「曲高和寡、不食人間煙火」；而產業人總是覺得搞文創的「缺乏效率」、「浪費社會資源」……。

上升到國家政策的層次。我們可以看到文創主管機關「文化部」常陷入「父子騎驢，裡外不是人」的窘境。把資源投入到影視娛樂產業時，文化人就跑出來喊「不重視文化」、「沒有根、未與土地連結」……；把資源投入到文資保存、社區營造時，娛樂產業又跑出來喊「土俗沒有產值」、「缺乏國際連結能力」、「我們好想贏韓國！」。

下降到教學現場的層次。我在文化創意產業學系任教多年，也是台灣第一個在文創領域取得教授資格的老師。發現在這領域，無論師生的心態上，也充滿了類似的矛盾。愛好藝文、設計的「文藝青年」（文青），總覺得商管課程、尤其是財務管理這門課「市儈」、「銅臭味」，以「缺乏數學細胞」為託辭，能避免就儘量避免；而另一類，則是把「文青」當作「不通世事、缺乏生活能力」的代名詞。

這個矛盾延伸進入產業實務，常常看見藝文工作者必須在資源極度匱乏的環境下長期工作。生活克難，貧困缺錢，甚至到了「吃土」的地步。雖然他們自己或許不以為意，只追求精神上的滿足。但旁人看了於心不忍，為什麼投身藝文要落到如此境地呢？好不容易說服他們提出輔導、補助、招標……專案申請，企劃書卻寫得語無倫次，尤其是財務規劃的部分亂七八糟，令人不忍卒睹。因而在投資人這一方，會質疑藝文工作者的誠意、決心

與能力，甚至懷疑「文創」根本是一場騙局。

為了解決上述三個層次的矛盾，我認為要採取一種整合性的觀點，來重新檢討文化創意產業，簡稱為「新文創」。

首先要正本清源，「文化創意產業」（Cultural & Creative Industries）是由「文化」、「創意」、「產業」三個名詞組合而成的。「文化」（cultural）、「創意」（creative）都是用來形容後面結結實實的名詞「產業」。（類似「青椒牛肉燴飯」中，青椒和牛肉是配菜，飯才是主食。）因此，這門學科的主體應當是「產業研究」，而不是「文化研究」或「創意設計」。也可以這麼說，**文化創意產業，是以文化為基底衍生創意加值的產業型態**。而產業研究最終都要落實在企業的財務表現上，也就是錢。任何思考、研究、行動都不應離開錢。

其次，在政策和資源分配上。應當把非營利部門／組織（文化資源保存、社區營造）與非營利部門／組織（創意產業、影視娛樂）分開。由文化部管理非營利部門，經濟部管理營利部門。預算也要分流，兩邊就不會為了爭奪「有限資源」發生衝突。如若做不到，也應該把專管文創產業的單位和預算獨立出來，不要搶奪教科文預算的資源。如若還是做不到，則應該認清經濟學上「資源有限就必須選擇」的事實，講究分配效率，戮力宣導上一段談過的理念：文創不應該不談錢。

在教學現場和產業實務方面，只有一個解決方案：所有對文創產業發展有抱負、尤其是愛好藝文的年輕學子、文青弟弟和妹妹們、藝文工作者們⋯⋯都應該好好學習財務管理這門學問，並且學以致用。這就是本書寫作的理念。

永續經營原則

財務管理這門綜合學科是以「經濟學」作基礎，揉合了管理學、會計學、投資學、金融工程⋯⋯學門的知識。而經濟學則是遵循著「功利主義」

（utilitarism）原則：「**利之中取大，害之中取小**」而成立的一門學科。

　　為什麼要遵循「功利主義」原則呢？因為若不如此，所有關於利害取捨的問題，都沒辦法坐下來好好談了。比如我們常聽見：「○○最重要，不可以因為××考量而犧牲。」的委婉說法；或者是「我們都是神（上帝、祖靈、大地、宇宙……）的子民，有『責任』保護○○××……」的義務性說法，甚至是「就是要○○，沒什麼好談的！」的強制性說法，都隱含了「功利主義很糟糕」的污名化傾向。這些說法都會讓討論立刻停止，也就不可能做理性選擇了。進而導致一切淪為空談，也就沒法解決問題。如果你也有那些類似的看法，請放下這本書。這本書對你「沒用」。（這還不是功利主義思考？）

　　「利之中要取大，害之中要取小。」無論在什麼層級，都是很重要的原則。可以用來處理「就只有這麼多錢（資源），到底應該投資在哪裡？」、「計畫應不應該進行下去？」、「選擇這麼多，到底應該放棄哪一個？」這一類的問題。在國家產業政策發展上，資源要投入在最有發展潛力的產業上；在企業經營上，要尋求最高的利潤與公司價值的極大化；在個人生活上，要理性思考，築夢踏實；不要只憑一時激情衝動，去做不切實際的選擇。

　　功利主義又常被稱為「效益主義」、「效用主義」，而我最喜歡的是「實效主義」，因為這是「一種完善的通用標準，可以衡量道德價值，並進行困難的道德決策。」[3]

　　功利主義若是能被社會普遍接受，每個人都會去思考「怎樣做對我自己最有利／最無害」那麼，很自然就會形成「資本主義」經濟體系，又稱為「市場經濟」或「自由經濟」。而支持自由經濟制度者，一般被歸類為「右派」。

3　《道德部落》，p.188。

「資本主義」（capitalism）主要指「私人」擁有資產，可以自行決定投資活動，不由其他人或「集體」（國家、社會、部落⋯⋯）所控制。它從封建制度被人類揚棄後，就是最主要的（政治）經濟體系。在資本主義的作用下，人類文明不斷的推進，經濟持續發展、科技日新月益⋯⋯造就了今天的人類社會的繁榮。而這一切，都只不過是經濟學所謂「自利動機」的作用罷了。

　　然而，無可避免的，資本主義也有它的弊病。由於生產資本都由私人所擁有及控制，大家都追求對自己最有利的選項。那，資本多的人擁有更多更好的投資選擇，獲得利潤後又累積出更多的資本。（反之亦然）最終，很容易形成廣為詬病的「富者越富，窮者越窮」局面。再加上部分資本家（金融銀行業為主）只顧追求私利卻罔顧道德誠信的作為，終於爆發了2008年金融風暴。導致社會對「資本主義」的信任（用）全面崩盤。

　　從上節的說明即知，信用是價值的根本來源。一旦失去信用，很快就會被放棄，甚至成為過街老鼠、人人喊打了。

　　因此，自從2008年金融風暴以來，「左派」社會主義思想又重新復燃。甚至有法國學者寫書鼓吹共產主義[4]，一舉登上全球暢銷書排行榜，以末日救世主的姿態成為新時代的顯學。

　　在文化創意產業中，這種現象更為嚴重。為什麼呢？別忘了，文創研究咸認起源於法蘭克福學派提出的「文化工業」（culture industry）概念，阿多諾等人運用馬克思主義（即社會主義的濫觴）的理論基礎，批判資本主義社會下大眾文化的商品化及標準化。[5]有許多學者不求甚解，全盤接受了這個概念，並且拿來教育後進的文創工作者。不斷的傳播、擴散以後，一時之間，

4　可參考《二十一世紀資本論》，托瑪・皮凱提，衛城出版。

5　詳見《文化創意產業理論與實務》第1章。

無論是社會上還是學院裡，「政治正確」（political correctness）的風氣甚囂塵上，不同意見也就消沉失語了。

暫且撇開這個衝突，讓我們客觀一點來思考問題：假如有一個你用得很順手的產品壞了，你是（A）想辦法找出它的問題、修好它？還是（B）乾脆丟掉不用，甚至（C）從此改用已經被證明很爛、完全不順手的產品呢？

我想，大部分正常人都會選擇（A）吧？！

──共產主義在二十世紀初已經造成人類史上最大的災難，好不容易被揚棄；難道我們還要拿回來用嗎？

因此，占世界絕大部分的正常社會（國家），現在都實施著修正式的資本主義制度：**約束私人資本，制止不道德的投資行為；改善分配不平均的現象，促進社會公平正義**……這也就行了。

回到本書的主題，為什麼一開始要花這麼大的篇幅來談功利主義和資本主義呢？

因為，無論作什麼事，首先都要「誠意正心」，最重要是心態。心態對了，後面一帆風順；心態錯了，後面處處碰壁。經營事業說到底就是要追求利潤、追求價值極大化。完全是功利主義、資本主義的思維方式。你若一開始就看這個不順眼，後面就沒啥好談的了。怎麼也學不好。

如果大家都能接受以上的觀念，那麼最後我們再來談，文創產業中最常提到的「永續經營」（sustaintability）原則。這原則可以用文化研究的角度談、也可以用社會學的角度談、也可以用生態學的角度談……有很多的變形，也可以長篇大論。

但是，在財務管理的角度看，反而很簡單。它只須滿足一個條件：

收入 > 支出

而且每一期（每天、每月、每年……）都要收入 > 支出，永遠都要滿足這個條件。

用白話文來說：就是**不管何時，收入都要比支出多一塊錢**。這樣，你的事業就能永續，長長久久。反過來說，如果你夢想中的事業沒有可能滿足這條「第一條件」，那就別做了。

——請把這一條式子刻在書桌上、牆壁上，當作你的座右銘。

📖 貧窮這種病

資本主義體制下，「貧窮」是個不得不令人正視的問題。

最主要的原因是**貧窮（缺乏資本）會限制人的選擇，減少了投資機會；也限制了人未來的可能性。**

在大學裡任教，還常常會聽到同學說：「幹嘛買書，上課再跟同學借就好了啊？」、「學校辦的活動好無聊，我不想參加。」、「打工有什麼不好？」、畢業了則說：「幹嘛參加同學會，看那些人炫富？」、「簡單的生活最好」……潛台詞都是：「我很窮」。

我一直覺得，<u>承認自己很窮沒啥好丟臉。丟臉的是讓自己一直窮下去。</u>

當「所有人生活都過得還不錯就你很窮」的時候，貧窮就變成「異常」狀態，可以說是一種「疾病」。它破壞你的人生，就像病毒破壞你的身體健康。

——有病就要積極尋求治療，想辦法治好它；不是放任它不管，最終吞噬掉你的生命。

尤其在文化創意產業裡，很多人都是先思考產品或服務：什麼樣的商品比較美、比較好？什麼樣的服務能滿足客戶？根本沒考慮或沒辦法考慮錢的問題。就連生涯中有多部暢銷作品的名製作人鈴木敏夫都這麼說：「我的目標僅僅就是製作出電影而已……對於『到什麼程度可以收支平衡』之類的事情完全沒考慮過。總之，我們就是搞創作。」[6]因此，常常掉進「窮藝術家」

---

6 《吉卜力的風》，p.77。

的心態陷阱，覺得只要把玩意做好了，自然就會有錢。

很多人都忘了，鈴木敏夫背後有大金主「德間書店」，手下有天才導演宮崎駿；我們沒有。若一開始就不想要有錢，就不會去學習怎麼變有錢，當然不會有錢。

更糟的是，貧窮還是一種「傳染病」。人是社會性的動物[7]，當有人抱持著貧窮的心態，會傳染給身邊的人；反過來說，當身邊很多抱持著「窮藝術家」心態的人時，你很難違逆著潮流走，也就變成窮藝術家了。所以糟糕的不是窮，而是窮人心態。你應該遠離抱持著消極心態的人。（請注意：要盡力幫助窮人，不是叫你遠離窮人。）

另外，窮還是一種「遺傳病」。資本主義體系下，窮者越窮，富者越富。窮人很難擺脫「貧窮世襲」的宿命。因此，如果你很窮，更加要積極上進。在你這一代就終結貧窮，別害了下一代。（千萬別解釋作叫你別生小孩啊！）

好了，心態建設完畢，接下來，好好學習吧！

重點回顧

- 人瞭解金錢代表的「價值」，使得人類成為萬物之靈。
- 以物易物需要恰巧遇到正確的交易對象和需求，並沒那麼簡單。
- 錢必須有信用作基礎。
- 商品價格由市場供需均衡決定。
- 金錢是一種想像出來的虛構物，沒有實體。其本質上就是一筆債務，價值來源是人的信用。

---

7 要深入瞭解貧富差距成因、問題及其影響，推薦閱讀《社會性動物》一書。

- 「文化創意產業」是由「文化」、「創意」、「產業」三個名詞組合而成的。「文化」、「創意」用來形容後面結結實實的名詞「產業」。
- 文化創意產業，是以文化爲基底衍生創意加值的產業型態。
- 「利之中要取大，害之中要取小。」無論在什麼層級，都是很重要的原則。
- 資本主義主要指私人擁有資產，可以自行決定投資活動，不由其他人或集體所控制。
- 修正式的資本主義制度：約束私人資本，制止不道德的投資行爲；改善分配不平均的現象，促進社會公平正義。
- 「永續經營」在財務上就是永遠要滿足「收入＞支出」的條件。
- 貧窮（缺乏資本）會限制人的選擇，減少了投資機會；也限制了人未來的可能性。
- 窮者越窮，富者越富。窮人很難擺脫貧窮世襲的宿命。
- 承認自己很窮沒啥好丟臉。丟臉的是讓自己一直窮下去。

習題

1. 本章的一開始，我們談到猴子選香蕉還是鈔票的問題。猴子眞的不會用錢嗎？請上網查詢耶魯大學經濟學家「教猴子使用錢」的實驗介紹，寫一份簡短的報告。
2. 上youtube搜尋時代精神運動所製作的「金錢就是債務」影片，完整把它看完，然後寫一份簡短的心得報告。
3. 你的文創夢是什麼（what）？要怎麼實現你的文創夢（how）？需要什麼資源？要怎麼取得那些資源？要花多少錢（how much）？

第2章　金錢的時間價值

宇宙中威力最強大的力量就是複利。

——愛因斯坦（Albert Einstein, 1879-1955）

第一節　現值與終值

莊子《齊物論》中，講過這麼一個故事——

「狙公賦芧，曰：『朝三而暮四。』眾狙皆怒。曰：『然則
朝四而暮三。』眾狙皆悅。」

簡單翻譯一下：有個養猴子的人，餵猴子時說：「橡實早
上三粒，晚上四粒，可以嗎？」群猴聽了很生氣。於是改口說：
「橡實早上四粒，晚上三粒，可以嗎？」猴子聽了都好高興。

「朝三暮四」這個故事大家應該都聽過，我想在本章開始之
前，請問大家：如果你是猴子，你選擇哪一種餵食方案呢？

好，選擇不外乎三種：

(1) 朝三暮四：早上吃少一點，留著晚上吃好點；就像吃便
　　當要把雞腿留到最後啃一樣。

　　——有道理！

(2) 都一樣：不管「朝三暮四」或「朝四暮三」，每天的橡
　　實加起來都是七個，根本沒差別。

　　——這是莊子講故事的原意，也是課堂上大多數同學的
　　選擇。

(3) 朝四暮三：笨猴子？！

——通常課堂上最少同學選。但，這才是經濟學上唯一正確的選擇。

為什麼朝四暮三才是正確的呢？

因為財物有「時間價值」——越早拿到的越有價值，越晚拿到的越沒價值。

理由一：「邊際效應遞減法則」

同樣的財物，當你擁有越多時，每增加一個所能增加的滿足程度就會越來越低。舉例來說，午餐時你吃雞腿便當，吃第一個時你覺得好滿足，肚子也不餓了（邊際效用很高）；吃第二個時，你就會覺得有點飽，沒那麼滿足（邊際效用降低）；這時再叫你吃第三個，想必你要喊投降了。（邊際效用轉為負值）

理由二：「機會成本」

早點擁有財物，如果有剩餘，可以拿去投資在別的用途，可以讓財物「越變越多」。猴子早上拿到四個橡實，但自己又吃不下。他可以把多餘的橡實借給其他猴子吃，等到了晚上，要求加「利息」奉還。那麼到最後，牠肯定會擁有比別人更多的橡實。

由此我們可以導出財務金律：

金錢有時間價值。越早得到的錢價值越高；越晚得到的錢價值越低。

同一筆錢，現在的價值比未來的價值更高；未來的價值比現在的價值更低。這道理很好理解吧？！如果你要中樂透，最好馬上就中；一百年後才中，那就沒意思了。

我們也可以把這條財務金律換個形式表示：

如果給你同一筆錢，在未來應該給更多，作為補償。也就是「數字」應該越大，否則就不划算了。相同的道理，如果未來才能拿到的錢，能夠現在就拿到，那麼少一點也划算；也就是「數字」應該比較小。具體舉例：如果中樂透的獎金是100億。今天中100億，相當於未來中了「100億多一點」（可

以想像作120億）；未來中100億，只相當於今天「比100億少一點」（可以想像作80億）。

上面這個道理很重要喔，同學一定要好好記起來。因為，這條金律將會貫穿整個課程，無時無地出現。未來的錢，叫做「終值」（Future Value，簡稱 FV）；現在的錢，叫做「現值」（Present Value，簡稱 PV）。

第二節　複利與折現

財務上為了方便計算核對，通常會將時間劃分為固定的「會計期間」，簡稱為「期」（period）。期間可以是一日、一週、一個月、一年……都可以，看實際需要來劃分。通常，財務報表都是用「年」為單位，如果沒有特別說明，「一期」就是指「一年」，從年初1/1，到年尾12/31。「期初」指會計期間剛開始的那一刻，「期末」指會計期間結束的那一刻。期數以英文小寫t 來表示。第t期指的是第t期的期末。

單利

現在的錢PV，經過1期以後會變得更多，以數學式表示：

$$FV = PV * (1 + r)$$

r可以簡單想做「利率」（interest rate），一般使用英文小寫r，通常（但不一定）$0 < r < 1$。

【範例1】單期單利

施達樂同學來到郵局，看到公告定存利率是2%。於是他決定存入10,000。明年此時，他的帳戶中將有$10,000 * (1 + 2\%) = 10,200$元。$r = 2\% = 0.02$。

10,200元分作兩個部分，原來期初存入的10,000元叫做「本金」（principle），200元的部分是利息。

　　若每期的利息都不重複列入下一期計息，那麼，這種計算方式就叫做單利（simple insteret）。

$$FV = PV * (1 + r * t)$$

【範例2】多期單利

　　承上例，若施達樂決定將10,000元存個三年，三年之後，帳戶中將有：

$$10,000 + 10,000 * 2\% * 3 = 10,600 （元）$$

10,600元也分作兩個部分，10,000元是本金，600元是利息。

【課堂練習1】多期單利

　　為了擴張營業，開心文創公司向股東施曼妮借款2M，約定每月利息三分（3%），單利計算。請問半年後，共需償還本利和多少錢？

📖 複利

　　然而在日常生活中，很難發現以單利計算的情況。比如在上例中，第一年年末所產生的200元利息，在第二年年末，也已經在帳戶中躺了一年，怎麼沒有生出利息呢？不合理。

　　因此絕大多數的情況下，利息都是以「複利」（complex insterest）計。也就是說，前期的利息在後期，也會產生利息。利上加利，複利的計算公式如下：

$$FV = PV * (1 + r)^t$$

【範例3】複利

承上例，施達樂將10,000元存個三年。以複利計算的話，三年之後，帳戶中將有：

$$10,000 * (1 + 2\%)^3 = 10,612 （元）$$

從本例起，小數點下數字都會被省略。

10,612元也分作兩個部分，10,000元是本金，612元是利息。應該可以發現，複利多期後，一定比單利多。

【課堂練習2】複利

為了擴張營業，開心文創公司向股東施曼妮小姐借款2M，約定每月利息三分（3%），複利計算。請問半年後，共需償還本利和多少錢？

【範例4】勇者殺惡龍

從前從前，有個王國裡有一條惡龍，無惡不作。國王徵求國內勇士去殺惡龍，成功的話，可以答應他任何條件。於是，有一大堆勇士自告奮勇，前去殺惡龍，都沒成功……（中間過程省略）……最後有個小裁縫，在沒人看好的情況下，殺死了惡龍。國王問他想要啥？小裁縫說：「我要的不多，第一天只要一粒米、第二天兩粒、第三天四粒……像這樣每天加倍，連拿一個月就行了。」

「這麼少！」國王聽了龍心大悅，自以為占到便宜，馬上就答應他了。沒想到，一個月不到，王國的米倉就全被搬得空空如也了。

同學現在和國王一樣一頭霧水吧？米粒的數量是：

$$1 + 2 + 4 + \cdots\cdots + 2^{30} = 1 + 1*(1 + 100\%)^1 + 1 * (1 + 100\%)^2 + 1 * (1 + 100\%)^3 + \cdots\cdots + 1 * (1 + 100\%)^{30}$$

在這則故事中，r = 100%，總和數字很大。單單最後一天搬走的米，超過10億（$2^{30} = 1,073,741,824$）。要明白**一開始很小的數字，以等比例增加，最後就會變成一個很大的數字**。

$$FVIF(r, t) = (1 + r)^t$$

代表在利率r的狀況下，t期後的「終值利率因子」（FVIF, Future Value Insterest Factor），通常需要計算機才算得出來。

我們要學會利用「終值利率因子」表，請參考附錄一 FVIF。表上的橫軸代表利率r、縱軸代表期數 t。相對應的交會點上的數字，就是FVIF（r,t）。

【範例5】查詢終值因子FVIF

承上例，施達樂將10,000元存在利率2%的帳戶三年，以複利計算。（r = 2%, t = 3）

查表可知FVIF(2%, 3) = $(1+2\%)^3$ = 1.0612

10,000 * 1.0612 = 10,612

假如施達樂在2%的帳戶，存到20年

查表可知FVIF(2%, 20) = $(1 + 2\%)^{20}$ = 1.4859

10,000 * 1.4859 = 14,859

【課堂練習3】FVIF

開心文創公司創業以來，業務蒸蒸日上，執行長施曼妮召開記者會，說明公司未來展望：「未來五年，本公司的獲利將以每年5%的成長率持續成長。」小股東施達樂先生翻翻他手上的財報，發現今年該公司的獲利300M。請問五年後，開心文創公司的獲利約為多少錢？（請利用FVIF表）

複利終值的意義在於「在r存在的狀況下（r＞0），將現在的錢，換算成未來的錢。」同一筆錢到了未來，會變得更多。（**數字會變大**。）

📖 投資報酬率

投資行為簡單來說，是現在投入一筆資金，去換取未來能得到的錢。所以，r也可以看做是投資報酬率。

「折現」（discount）就是「在r存在的狀況下（r＞0），將未來的錢，換算成現在的錢。」心法是：同一筆錢到了現在，會變得比較少。（**數字會變小**。）

$$PV = FV/(1 + r)^t = FV * 1/(1 + r)^t$$

其中，$1/(1 + r)^t$常被稱為「現值利率因子」（PVIF, Present Value Insterest Factor）或「折現率」（Discount Factor），和FVIF互為倒數關係：PVIF = 1/FVIF，在附錄中有PVIF表，使用方法和FVIF表相同。

【範例6】查詢現值利率因子PVIF

為了讓兒子上大學，施達樂想在十年後存滿1M。他看了一下銀行的定存利率，十年期的年利率是3%（r = 0.03）。那麼，他今天必須存入：

$$1,000,000/(1 + 0.03)^{10} = 744,100$$

也可以利用查表法，查出 PVIF = 0.7441

$$1,000,000 * 0.7441 = 744,100$$

【課堂練習4】查表PVIF

開心文創公司預測五年後，公司市值將達到500M。施達樂現在想要收購該公司，請問該花多少錢？r = 3%（請利用PVIF表）

同學可以對照 FVIF和PVIF 兩個表，同一r,t上面的數字相乘，結果都是1。也就是說，這兩個表其實是同一回事，你只需要其中之一就可以了。

另外，在公式中，FVIF（或PVIF）、t、r 三個變數中，只要有其二，就可以算出剩下那一個。

【範例7】求算投資報酬率

文創業正當紅，大發銀行推出「文創百億」這檔金融商品，只要你投資10K，可以在二十年後拿回20K。投資報酬率＝(20K－10K)/10K＝100%。

表面上看，這是一項翻倍賺的好生意。然而，如果運用本章所談到的折現的觀念，來重新計算r。

$$FVIF = 200K/100K = 2$$

在FVIF表上，二十年那一列往右查，可以發現r大約介於3%（1.8061）到4%（2.1911）之間。（利用PVIF查100K/200K＝0.5，答案也會相同。）

也就是說，每年的投資報酬率差不多在（r＝3%-4%）的範圍，就可以達成二十年翻倍的效果。不算什麼暴利。

接下來介紹一條常用的小訣竅，叫做「72法則」。請觀察FVIF表，表中數字差不多是2的那一格，請用螢光筆作個記號；也可以觀察PVIF表，數字差不多是0.5的那一格，也用螢光筆作個記號。

看那些位置的r%和t，r×t大約等於72。

代表在r%的利率水準下，想要投資翻倍，所需要的期數t。

比如說，你想要在5年內讓投資翻倍，那麼r大概要14%。（5×14＝70）

比如說，你想要在8%的利率水準下，將存款翻倍，那麼你需要9期。（8×9＝72）

免查表、免計算機，很方便吧！

72法則可以讓你快速的對投資報酬率（利率）有個概念，尤其在藝品收藏界，經驗法則是「五年回收，十年加倍」，要能達到這個標準的收藏品，才會是投資的好標的。那麼，在拍賣會上，你就可以用上72法則。

【範例8】72法則

神奇工坊有尊琉璃佛藏品，你評估要達到翻倍的價值，大約需要8年。那麼，r大約就是9%。與其他的機會成本比較：如果當時其他的投資項目（比如股票）年報酬率可以達到10%。那，這件藏品就算不上好投資，不要出手。如果當時其他可得的投資項目報酬率很低（比如銀行存款只有2%），那這件藏品就值得投資。

【課堂練習5】72法則

權威機構預測，投資開心文創公司的股票每年可以得到10%的投資報酬率，請問幾年可以翻倍？

我們現在已經學會兩種武器：終值與現值，都可以用來評估在不同的時間點發生的金流。典型的狀況如下：

【範例9】現值與終值

施達樂從理財專員那裡收到兩份投資專案的建議：A方案現在就能馬上獲利100K；B方案則是在五年後能獲利110K。現行的利率水準大約是2%（r=0.02），請問他應該選擇哪一個方案？

沒學過財務管理的同學們最容易犯的錯誤是答：110K ＞ 100K，當然要選B方案。

要記得：**不同時間點的錢，不可以拿來互相比較**。

正確做法有兩種：

- 終值：將所有方案的終值都算出來，再互相比較。

  A方案：100K * FVIF(2%,5) = 100K * 1.1041 = 110.41K

  B方案：110K

  110.41K > 110K，所以應該選擇A方案。

- 現值（這比較常用）：將所有方案的現值都算出來，再互相比較。

  A方案：100K

  B方案：110K * PVIF(2%, 5) =110K * 0.9057 = 99.627K

  100K > 99.627K，所以應該選擇A方案。

實務上，我們比較常利用折現來求算現值，不常使用複利去計算終值。為什麼呢？因為我們總是活在當下——**未來不可測，真正重要的只有「現在」，此時此刻。**

【課堂練習6】現值與終值

施曼妮小姐可愛大方，有眾多的追求者。其中一位宋谷票先生說：「嫁給我，我現在就給妳媽800K聘金。」另一位黃晶多先生則說：「雖然我現在沒甚麼錢，但十年後一定可以給妳1M。」請問施小姐應該答應誰的求婚條件呢？（請用r＝1%、5%、10%分別試算）

學習時最容易搞混的地方也是這裡，教你一個小祕訣：

現在的錢轉成未來的錢，數字會變大；

未來的錢轉成現在的錢，數字會變小。

學到這裡，同學們應該會發現，r是所有問題的關鍵。如果r＝0，終值和現值完全沒有差異。但是在真實世界中，r永遠是正數；折現率$1/(1 + r)^t < 1$。也可以想像作：空氣中有一股使萬事萬物「貶值」的力量，那就是r。再加上時間t的乘冪作用，r的毀滅性力量會越來越強，使得東西變得「不值錢」。

熱力學第二定律不知各位同學是否熟悉？不懂的話請自行上網查詢。

——萬事萬物總是逐漸崩壞毀滅，宇宙奔向最終的冷寂。

這就是r所帶來的力量。

第三節　現金流量

經營事業也好，個人理財也好，**最重要的事情都是「現金流量」**（cashflow），也就是流進流出的現金值。現階段，我們只需要關心「現金」，因為現金是現成的交易媒介，其他資產都要轉成現金才能計算價值。

實務上現金流量會發生在**不同的時間點**，比如今天你賺進10K現金，下個月要付出8K現金。**沒辦法直接加總比較，也不應該直接加總比較**。正確的做法是，將所有的現金流量折現，通通換算成現值，然後再來加總。這一個方法，我們稱之為「折現現金流」（DCF, Discount Cashflow）。

【範例10】DCF

開心文創公司打算挖角施曼妮來擔任CEO，開出的條件是除了薪水以外，前三年還有老闆發的特別紅利獎金，分別是第一年1M，第二年2M，第三年3M。曼妮原公司的老闆聽了嚇一跳，連忙開出條件，薪水比照開心文創，另發一張現金支票做特別獎金，上面大大寫著5M，請曼妮留下來。請問，曼妮應該如何選擇呢？

薪水部分不計，我們只看獎金的部分，假設r = 5%：

開心文創所發的獎金為第一年1M，第二年2M，第三年3M。**絕對不可以**把它直接加起來1M + 2M + 3M =6M（還記得朝三暮四的猴子吧？）

正確做法是將這三筆款項，通通折現換為現值。請先在紙上畫一條數線，標清楚期數和當期的現金流，然後再一一折現，如下圖：

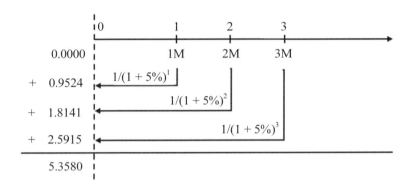

$$DCF = 1M/(1 + 5\%) + 2M/(1 + 5\%)^2 + 3M/(1 + 5\%)^3 = 5,357,952$$

高於原公司提供的5M獎金，曼妮應該跳槽到開心文創。

　　當然，你也可以把所有的現金流量，通通推向最後的時間點，換算為終值。意思一樣，只不過較少人這麼算罷了。但有些人會這麼做是另有玄機——因為人較無法掌握未來還沒碰到的錢。尤其又是比較大的數字，很容易讓人產生迷惑，別有用心者就有機可乘。

📖 普通年金

　　有一種特別的現金流量類型，叫做「年金」（annuity），指的是在一段期間內，發生在每期期末的固定金額現金流量。比如我們常聽見的「國民年金」（每個月領600）、「勞保年金」（退休後每個月領固定的津貼）、保險年金（每年領固定金額，直到身故）……。也叫做「普通年金」（ordinary annuity）。

　　年金是一連串定期定額的現金流量，最簡單的算法是畫數線圖，將每一筆金額折現，再來加總。老師最推薦這個做法，不要怕麻煩。

　　另外也可以用數學公式：

$$普通年金現值 = C \times \frac{1}{r}[1 - PVIG(r, t)] = C \times \frac{1}{r}\left[1 - \frac{1}{(1+r)^t}\right]$$

C代表每期給付的固定金額，PVIF（r,t）則是t期下，利率r的現值利率因子。

【範例11】年金現值

開心文創想以每年2M年薪招聘施曼妮擔任CEO，聘期五年。現值總共為？（r＝5%）

查表可得PVIF(5%, 5) = 0.7835

年金現值 = 2M * (1 − 0.7835)/5% = 8.66M

亦即，薪水現值總共為8.66M

【課堂練習7】得到相同的年金現值

承上例，如果施曼妮提出想要十年長約，可以犧牲一點年薪。請問年薪要多少可以得到與上例一樣的現值。（r＝5%）

$\frac{1}{r}\left[1 - \frac{1}{(1+r)^t}\right]$ 又稱為「年金現值利率因子」PVIFA。可以在附錄中看到，使用方法和PVIF相同，只要知道期數t和r，就可以找出相對應的PVIFA。然後乘上每一期的固定現金流量C，就能得到年金的總和。

$$年金現值 = C * PVIFA(r, t)$$

【範例12】查詢PVIFA

開心文創想以每年2M年薪招聘施曼妮擔任CEO，聘期十年。現值總共為？（r＝2%）

查表可得PVIFA(2%, 10) = 8.9826

薪水現值 = 年金現值 = 2M * 8.9826 = 17.96 M

在試算表軟體Excel中（以Excel 2010為準）提供了一個PV函數，可以用來求算年金現值，相當方便。你只要在任何一格輸入公式：

$$=PV（rate,nper,pmt）$$

rate就是r，nper就是期數t，pmt為每期固定支付金額C。

比如在上例中，施曼妮的薪水現值只要輸入 = PV(2%, 10, 2000000)就能得答案。

【範例13】繳少領多？

市面上常見一種金融產品（比如郵局銀行都在賣的保險），告訴你每期只要繳一點固定的錢，到了期末，就可以領回一大筆錢，看起來十分划算。比如：每年繳1萬元，三十年期滿，領回40萬。聽起來不錯是嗎？

10K * 30 年 = 300 K < 400K　媽媽說繳30萬領40萬，投資報酬率33%好高！

這是完全錯誤的觀念和算法。你應該利用DCF，折現再來算。

假設利率在三十年內維持不變，都是2%。你等於是繳付一筆年金30年：

繳付總額現值 = 年金現值 = 10K * PVIFA(2%, 30) = 224K

給付現值 = 400K * PVIF(2%, 30) = 220K

繳的比領得多，相較起來，媽媽反而賠錢。

【課堂練習8】一次請領年金

開心文創公司想與當紅樂團「人馬座Beta」簽經紀約，契約期間十年，每年須固定付出2M保障薪資。但是，樂團主唱Victor表示家有急需，想要在

簽約時一次領完相當的金額。請問CEO施曼妮應該籌集多少現金才足以因應呢？（r＝10%）

　　請分別用普通年金公式、查表、以及試算表計算。

📖 成長型年金

　　有一類的年金，每一期給付的現金流量都以等比例g增加成長的，我們稱之為成長型年金。

$$成長型年金現值 = C \times \left[\frac{1 - \left(\frac{1+g}{1+r} \right)^{r}}{r-g} \right]$$

C代表每期給付的固定金額。

【範例14】成長型年金

　　開心文創提供施曼妮十年合約，第一年年薪2M，每年以3%幅度加薪。請問現值為？（r=5%）

$$薪水現值 = 成長型年金現值 = 2M \times \left[\frac{1 - \left(\frac{1+3\%}{1+5\%} \right)^{10}}{(5\% - 3\%)} \right] = 17.5M$$

【課堂練習9】成長型年金

　　開心文創公司發行債券，第一年給付利息10K，以後每年以2%速度增加，連續給付十年。假設十年內的利率水準維持不變，都是4%，那這筆利息（成長型年金）現值為？

　　假設給付成長速度超過利率（g＞r），你會發現，公式算出來的結果怪怪的，也不正確。這時，就要乖乖地回去畫數線圖才能得到答案。你會發

現，每一年的給付現值都在增加。

同學們一定要記得，只有g才能打敗r。

成長才能打敗貶值。

一個沒有成長的人事物，終歸會被宇宙性的貶值力量所毀滅。

【範例15】勇者殺惡龍：差三天

麻省理工學院的尼可洛龐帝（Nicholas Negroponte）教授曾經這麼改編過小裁縫殺惡龍的故事：

假設王國裡有兩條惡龍，有兩個小裁縫自告奮勇，分別殺死了兩條龍，國王也都答應了他們提出的條件：第一天一粒米、第二天兩粒米……領一個月。只不過，兩個小裁縫殺龍的時間差了三天。請問，他們的財富相差多少？

這一個題目，大多數同學都會笑太簡單，有的同學會答：「一樣多，因為都是領一個月。

——錯了，因為金錢有時間價值。相信學到這裡的同學都能看出來。

有的同學比較有動腦筋，會答：「差三天的米，1+2+4=7 粒米。」

——這個答案也是錯的。為什麼呢？因為比賽結果是看終點線，不是看起跑線。你把兩個人的收入，在數線上攤開就明白了：

A裁縫：$1 + 2 + 4 + \cdots\cdots\cdots\cdots + 2^{30}$

B裁縫：$1 + 2 + 4 + \cdots\cdots\cdots + 2^{27} + 2^{28} + 2^{29} + 2^{30}$

在A裁縫領完最後一次2^{30}那一天，B裁縫才領到2^{27}，也就是整整少領了$2^{28} + 2^{29} + 2^{30}$。

你可以算算看，單單這三天的米，抵得過前面所有的分量。

這個故事告訴我們，何時「殺龍」很重要，越早開始越好。看看你身邊的同學，有的人早就開始殺他那隻龍了，朝著夢想前進；有的人還在睡覺呢！

有人會說：「幹嘛那麼著急，先好好享受人生。」那時，請講這個故事給他聽。

再問一句：「你開始殺龍了嗎？」「什麼時候才要開始追求你一生的志業？」

永續年金

有一種特別型態的年金叫做「永續年金」（Perpetuity），每一期都會發生固定的現金流量C，沒有截止期限，**直到永遠**。其現值的公式，就是把普通年金的公式中的 t，逼近無限大就是了。於是可以得到：

$$\boxed{\text{永續年金現值} = C/R}$$

我知道各位文藝青年都討厭微積分，就把證明略過吧！大家可以欣賞這條數學式的美感，非常複雜多項的連加總和，居然變成了一個簡單的算式。

【範例16】永續年金

開心文創公司收到某新興國家的國家級文創基金的投資邀請，只要投資10M，以後每年都可以領到1M的紅利，直到永遠。該國的政局穩定、國力強盛，在可預測的將來，沒有違約風險。

CEO施曼妮和董事會開會後，商議出公司要求的投資報酬率是10%（r = 10%）。於是，她可以套用永續年金的公式，算出該投資的未來的現金流量現值為：

$$1M/0.1 = 10M$$

正好等於現在該國要求的投資金額。也就是説，投不投資都一樣。

進一步計算，如果r > 10%，那現金流量將小於10M，不可以投資。

如果r＜10%，現金流量就大於10M，應該把握機會投資。

上到這裡，想請大家深入的再檢視一次這條公式的美感——明明是每期付款，直到永遠，然而不管付了多少錢，換算成現值都是固定的C/r。

也就是說，**未來很久很久以後的給付，經過了PVIF折現，就會變得微不足道，根本對總和大局毫無影響**——一百年、一千年以後才拿到的錢，現值就是0。

【範例17】永遠是什麼？

施曼妮曾經有位男友連經邦，他許下諾言：「我要一生一世愛妳，照顧妳，直到永遠。」

施曼妮很感動，問道：「直到永遠？請問每一期的固定給付是多少？」

連經邦非常大氣，想也沒想說道：「每年1M可以嗎？」

「現在的利率水準大概是5%。」施曼妮馬上套用永續年金公式算出現值：

$$1M/5\% = 20M$$

算出連經邦的愛，大約現值20M。

在這裡我都會請同學聽一下羅大佑的《戀曲1980》：「你曾經對我說，你永遠愛著我，愛情這東西我明白，但永遠是什麼？」（原曲請自行上youtube查詢）

永遠是什麼？

學過財管的同學應該都會答：「現值等於0。」

第四節　投資準則

根據教育部辭典,「投資」(investment)是「以資本、財物或勞務,直接或間接投入某種企業的經營,以企圖獲利的行為。」

那什麼是「獲利」(profit)呢?教育部辭典的解釋是:「取得利益。」這個解釋不太對,我也常常看到同學搞不清楚,甚至在各式的投標、審查時,也常有文青老闆根本搞不清楚。

要先弄懂幾個詞的差別,如果把企業當作一個黑盒子,流進來的錢叫做「收入」(income)、收益(revenue);流出去的錢叫做「成本」(cost)、「支出」(expense)。而「獲利」(profit)、「利潤」,是指收入減去支出後的差額。寫成數學式就是:

$$利潤 = 收入 - 支出$$

還有另一個詞「賺錢」也常常讓人混淆。比如有人問你一個月賺多少錢?你到底應該回答「收入」?還是「利潤」呢?這就是中文令人迷惑的地方。因此,我會儘量避免用「賺錢」這樣的字眼,也建議同學儘量不要使用。以免養成壞習慣,造成溝通上的困難。

一項投資是否應該進行,唯一的判斷準則就是「利潤 > 0」,也就是收入大於支出。

如果不符合這項條件,你大可將錢拿去做別的用途,或者啥也不做,就讓它躺在帳戶裡睡個覺,都比拿去投資還好。

然而,一項投資**通常是先有支出,再有收入**。兩筆(或更多筆)現金流量發生在不同的時間點,因此,若直接把現金流加總起來,不會有正確結果。

我們接下來要介紹三種實務上最常用的投資評價方法:「淨現值法」、「還本期間法」和「內部報酬法」。

NPV

首先是淨現值（NPV, Net Present Value）法：**接受淨現值為正的投資方案，拒絕淨現值為負的投資方案。**

做法很簡單，你只要把整個專案期間內所有的現金流量，通通轉換成現值，然後加總起來就行了。收入的部分用 + 號，支出的部分用 - 號，那就是NPV。

【範例18】NPV

諸葛諒導演籌拍電影《我的美眉時代》，邀請開心文創公司參與投資，金額100M。CEO施曼妮小姐從發行計畫中，大約估算了一下本案的現金流量：第一年在台灣上映，預計收入20M；第二年在大陸上片，可以收入80M；第三年打進東南亞市場，預估收入10M。公司要求的投資報酬率是10%，請問應不應該投資？

$$NPV = -100M + 20M * PVIF(10\%, 1) + 80M * PVIF(10\%, 2) + 10M * PVIF(10\%, 3) = -8.913M$$

淨現值為負數，不應該參與投資。請CEO向大導演委婉說明後拒絕；製作方也應重新擬定發行計畫。

在試算表軟體Excel中，也有NPV函數可以使用，語法為：

$$= NPV（rate, value1[,value2,value3\cdots]）$$

rate 是利率r, value1初期投資，value2, value3…是第一期以後的現金流量。

比如在上例中，只要輸入 =NPV（10%,-100,20,80,10） 就能得到解答，相當方便。

要注意的是，想用公式的話，每期的間隔要固定，r也要換算成正確的每期利率。

【課堂練習10】NPV

承上，諸葛諒導演重新擬定《我的美眉時代》發行計畫：他有信心本片將成為台灣電影的經典名片，第四年以後在全球市場發行，預估每年可以帶來2M的收入，直到永遠。

請問開心文創公司應不應該投資？

提示：第四年以後是一筆永續年金。

NPV的優點是簡單、直覺，因此成為大多數企業的選項。但它也有缺點：必須先估計出未來各期的現金流量，然後才能計算。但是未來不可知，尤其是越遠的未來，就越難估計。我們只能憑良心，盡量用各種合理的假設去估計，真的不準也沒辦法了。比如，興建台灣高鐵這種大型又長期的專案，事後看當初估計的現金流量，真只有一個字可以形容：瞎！

PP

第二種是還本期間法（PP, Payback Period）：預先設定好還本期間（又稱「抉擇點」，cut-off），如果投資的還本期間低於年限就接受；否則就拒絕。

【範例19】還本期間法PP

天龍市政府打算在舊碼頭區域多架設兩台風力發電機，期初投資是150M，兩年後開始運轉，每年都可以帶來20M的營收。公共建設預先設定的還本期間為十年，請問本投資案的還本期間為？可否接受？

150M/20M＝7.5，也就是說，只要七年半時間，就可以還本。小於預設的十年，應該接受這個投資案。

【課堂練習11】PP

　　天龍市政府想要活化文化資產，釋出百年舊倉庫招標，邀請文創業者進駐。開心文創公司的CEO施曼妮小姐評估了一下這筆標案：一開始要投入100M整修，販售文創商品。每年固定的維護費用是10M，第一年收入20M、第二年30M、第三年40M，第四年以後每年都有20M營收，直到十年合約期滿，市政府收回。董事會決議：本公司的投資都必須在五年內還本。

　　還本期間法比NPV更簡單、更直覺，但是它的缺點很明顯：根本不考慮金錢的時間價值，所有現金流量都不須折現；而且忽略了Cut-Off 後的現金流量。因此，它不太適合用在評估長期投資（如新藥開發、大型建設……），只能用在回收時程短（三、五年）的專案上。PP讓你在第一時間點可以初步掌握專案的財務狀況罷了。

 IRR

　　第三種投資評估方法是「內部報酬率法」（IRR, Internal Rate of Return）：如果一項投資的 IRR 超過所要求的報酬率，就接受該投資案；否則就拒絕。

　　IRR就是讓一項專案NPV等於0時的r。

【範例20】IRR

　　開心文創公司投資電子商務平台的開發，初期投入的總成本為10M，第一年現金流量2M，第二年4M，第三年8M。請問，IRR 為多少？如果公司要求的報酬率是15%，請問，是否應該進行這項投資？

$$NPV = -10M + 2M/(1 + r) + 4M/(1 + r)^2 + 8M/(1 + r)^3$$

請勿解方程式，用試誤法去試出讓NPV＝0的r，可利用excel比較方便。

首先試試看r＝0.1, NPV＝1.3M（顯然太小）

r＝0.15, NPV＝1.023M（差不多囉）

r＝0.16, NPV＝－0.01（變成負數了）

顯然，IRR介於15%-16%之間，可以滿足公司所要求的投資報酬率，應該進行投資。

【課堂練習12】IRR

天龍市政府想要活化文化資產，釋出百年舊倉庫招標，邀請文創業者進駐。開心文創公司的CEO施曼妮評估了一下這筆標案：一開始要投入100M整修，販售文創商品。每年固定的維護費用是10M，第一年收入30M、第二年40M、第三年50M，第四年以後每年都有20M營收，直到十年合約期滿，市政府收回。

公司所要求的投資報酬率是10%，請問是否應該投資？

IRR的優點在於，不須要先設定折現率r。缺點則是要解方程式（有時會產生多重解）或者反覆試誤；也需要先知道專案未來的的現金流量，準確度受到財務預測的影響。

IRR算出的結果，「通常」會和NPV一樣。因此，只要擇一使用即可。我自己的習慣是用NPV；大型的企業則越來越常用IRR，可以讓財務人員看起來較有學問。

以上，是三種較常用的投資評價準則，你可以斟酌實際需要來應用。但無論是哪一種，投資關乎「未來」，總是有不確定性（uncertainty）存在。不確定性會帶來風險，有可能事情的走向完全和當初預估的不同，導致重大的損失。

不確定性也會帶來機會，因為一般人懼怕風險，傾向**不相信**未來的現金

流量預估，而忽略了好的投資機會。建議凡是遇到有投資機會，一定要先瞭解，冷靜客觀的判斷，然後再做決定。

總之，由於金錢有時間價值，在r的作用下，越早來的錢越有價值，越晚越沒價值。因此在經營實務上，同學們要記住這條金律：

收入越早越好，支出越晚越好。

下面這些道理，請想想為什麼？

你要向別人收錢，越早收到越好；付給別人的錢，越晚付越好。

若你是老闆，收帳要趁月初；結帳給供應商別付現金，儘量給幾個月後的支票。

若你是員工，要爭取月初發薪水……諸如此類。不要小看那幾天的差異，積少成多，在複利作用下，也可以滾出不少的錢。

我自己是絕不倒車入庫的，一定要倒車出庫。

若妳要託付終身，別信山盟海誓，只要活在當下。

但凡先要你每期付出少少的錢，到很久以後再付給你一筆大大的錢（保險、基金……）。八成都是賠錢，要小心算過了NPV再買。

媽媽很久以前被套牢的股票、房地產……好不容易又回升到原來的價位。媽媽很高興，但其實已經賠掉一大半了。

……

如果你都想通了，恭喜你，你懂了金錢的時間價值。

【專題】「黑盒子」投資法

日常生活中，常遇到許多需要投資決策的場合，其利弊優劣往往不是用現金流的方式來呈現，常令人陷入決策的困難。比如：

第一型：我想要「投資」某某青年藝術家，因為他的作品深具藝術價值，未來必定能為台灣爭光，在世界的舞台上發光發熱。

第二型：我手頭上存了一點錢，到底應不應該買房子？要買哪間好？買

房子可以「自住」，又可以「投資」？

第三型：我想要開一家文創咖啡店，到底要開一家新店面或是頂讓店面好呢？如果接手舊有公司（店面），要如何評估出價？

當遇到以上類型的問題，你會發現，無論NPV, PP, IRR……都不太派得上用場。因為現實社會可不像課本中那麼簡單，有老師把所有的利弊得失換作現金流量來表現，你只要畫折線圖，把Excel打開，輸入公式就可以了。

但也不用太擔心，投資準則從來就不只能用在有標示現金流的場合，沒標示現金流一樣能辦——

第一型是價值觀問題，不是「投資」問題。遇到這一類型的問題時，你應該反問自己，你追求的價值到底是什麼？如果你追求的是金錢以外更「高貴」的價值，比如在本例中的「藝術價值」、「發光發熱」、「潛力」……等等，那代表這個選項的機會成本最小，你應該把「錢」忘掉，義無反顧、努力去追求這些價值。簡單說，不要當作「投資」，去做就是了。

第二型是價值換算／混淆問題。別忘了，投資的定義是：**現在投入一筆錢，去換取未來的回報（現金流量）**。衡量標準就只有一種，將未來的回報（現金流）折現，減去今天的投入（現金流），看看划不划算而已。

買房子當然可以用來自住，也可以用來投資。但「絕對不可能」拿來自住又拿來投資。為什麼呢？因為如果花錢買房子是種投資，那勢必未來要賣掉、或者租給別人收房租才能把錢拿回來。怎麼又自住又租人又賣掉？別信坊間那些理財專家胡扯，他們只想賺你的錢。

換句話說，你得下定決心，到底買房子是要自住？還是投資？如果是要自住，該考慮的是地點、生活機能、鄰居好壞、老婆喜不喜歡……就不要管投資報酬率了。如果是要投資，那就好辦了。在這介紹「黑盒子」投資法，可以解決這類問題——

黑盒子投資法：**把投資選項當作「黑盒子」，忽略所有的內涵，只看現金流量。**

買房子「投資」，你可以這樣思考：

把房子當作黑盒子，忽略其地點、居住機能……。假設這個黑盒子總價10M；頭期款3M；貸款7M，利息2%，為期20年。（本金加利息月繳大約15K。）

在20年的期間內，你可以出租這個黑盒子，每月收房租20K（每年240K）。20年後，以20M賣出。（r＝2%）

黑盒子NPV ＝ -3M（頭期款）－ 7M×PVIF(2%, 20)（20年後償還貸款本金）－ 7M×2%×PVIFA (2%, 20)（20年貸款利息年金現值）+ 240K * PVIFA (2%, 20)（20年房租收入年金現值）+ 20M*PVIF(2%, 20)（20年後賣出房子現值）

若NPV是正值，那就投資；若NPV是負值，拒絕投資。（在本例中是正值，應該投資買下這個黑盒子。）

這方法也可以用來評估比較投資項目。比如在第三型的問題中，可以把「開新店面」當作黑盒子；「頂讓舊店面」當作綠盒子，無視其內涵。比如：

黑盒子（開新店面）成本 ＝ 2M（新買生財器具）+ 100K（尋找新店面成本）+ 其他經營成本

綠盒子（頂讓舊店面）成本 ＝ 500K（頂讓舊生財器具）+ 300K（重新裝潢成本）+ 其他經營成本（與黑盒子相同）

很顯然在本例中，黑盒子成本比綠盒子高，當然應該要選綠盒子，也就是頂讓舊店面。

進一步來說，如果要接手舊公司（店面），如何評估出價呢？

方法也是一樣，把你要接手的公司（店面），當作一個只有「未來現金流」的黑盒子，不要去看店面招牌是否美觀？也不要看公司過去的表現、績效、現金流……，那些都已經是沉沒成本了。比如你要接手的公司（店面），預期可以每年創造出1M的淨利（收入-支出），為期10年；10年後殘

值為0。那麼黑盒子NPV = 1M×PVIFA (r, 10)，就是你應該出價的價碼。很簡單吧？

我們可以把這方法用來評估性質完全不同的投資項目，做出投資決策——

比如把前例的「買房」拿來和「買股票」相比較。

黑盒子（買房）＝先支出3M頭期款，以後每月繳大約15K利息。每年收入240K房租；加上若干年後賣掉房子的收入。

綠盒子（買股票）－先支出3M買進績優股30張@100，以後每月免繳錢。每年收入150K股利（股利5%很普遍），直到永遠（或若干年後賣掉）。

一般而言，綠盒子都比黑盒子划算，當然要選綠盒子。（但是，如果把盒子打開看，一般人都會很怕，說什麼股票風險很大、房子比較保險的蠢話。）

更進一步，我們可以用這心法，來破除投資的迷思——

媽媽逛街時，看到街旁新房子好漂亮，想要買房「投資」。因為(1)買房子「保值」，(2)可以自住，給兒女成家；(3)有土斯有財，房地產會漲價，若干年後大賺一筆。(4)又可以租給別人，收房租。你可以這樣分析：

(1) 保值意思是未來還有相同的價值。這一點大家應該都有能力判斷了吧？有r的作用，未來的一塊錢永遠比不上今天的一塊錢。保持相同的價值意味著貶值。

(2) 完全沒錯，恭喜你有個好媽媽。但既然要自住，就不能用來投資。(3)(4)的收入項目也就不存在。也可以換句話說：既然要拿來成家，就不要想投資賺錢。

(3) 房地產也會跌價，尤其是現在各國政府都在「打房」。投資有賺有賠，請先詳閱公開說明書。

(4) 運用上面說過的黑盒子與綠盒子比較法，仔細算給媽媽看吧！

- 財物的「時間價值」來自「邊際效應遞減法則」及「機會成本」。

- 金錢有時間價值。越早得到的錢，價值越高；越晚得到的錢，價值越低。

- 單利：原來期初存入金額為「本金」，到期新增的部分是利息。每期的利息將不重複列入下一期計息。

- 複利：原來期初存入金額以及到期新增利息。將視為滿期後之本金，後期起也會產生利息。一開始很小的數字，以等比例增加，最後就會變成一個很大的數字。

- 投資行為簡單來說，是現在投入一筆資金，去換取未來能得到的錢。

- PVIF和FVIF互為倒數關係，PVIF * FVIF = 1。

- 72法則：投資翻倍時的r%和t期，r*t大約等於72。

- 不同時間點的錢，不可以拿來互相比較。

- 未來不可測，真正重要的只有「現在」，此時此刻。

- 成長才能打敗貶值。

- 未來很久很久以後的給付，經過了PVIF折現，就會變得微不足道，根本對總和大局毫無影響——一百年、一千年以後才拿到的錢，現值就是0。

- 經營事業也好，個人理財也好，最重要的事情都是「現金流量」。

- 獲利是指收入減去支出後的差額。寫成數學式就是：利潤 = 收入 − 支出。

- 投資是否應該進行，唯一的判斷準則就是：利潤 > 0。

- NPV法：接受淨現值為正的投資方案，拒絕淨現值為負的投資方案。

- PP法：預設好還本期間，如果投資的還本期間低於年限就接受；否則就拒絕。

- IRR法：如果一項投資的IRR超過所要求的報酬率，就接受該投資案；否則就拒絕。

- 你要向別人收錢，越早收到越好；付給別人的錢，越晚付越好。

習題

1. 立刻去郵局（或你最常用的銀行）查詢存款帳戶利率，算出你現在的帳戶餘額三年後會變成多少錢？（利用FVIF）

2. 承上題，假設你在十年後想要有1M創業，現在應該存入多少錢？（利用PVIF）

3. 承上題，假設你連續十年存入100K，十年後應該有多少錢？（利用FVIFA）

4. 承上題，假設你連續十年存入100K，這筆存款的現值有多少錢？（利用PVIFA）

5. 利用Excel大約估計一下，你父母從出生養育你到20歲，總共花了多少錢？（要折現，允許誤差200%）

6. 利用Excel大約估計一下，假設你現在就生小孩，養育他／她到20歲，總共花了多少錢？（要折現，允許誤差200%。另外小提示：假設你使用和上題相同的條件，答案數字應該會比上題小。）

7. 開心文創公司收到了一個電影投資計畫，現在投入50M，預測未來五年的現金收入分別為−10M, 1M, 10M, 20M, 40M。公司要求的投資報酬率為10%、三年回收。請分別使用NPV, PP, IRR試算並做出投資決策。

8. 假設你讀了這本書而對文創感興趣，考慮就讀文創研究所。單就財務上的考量，應該如何決策？（小提示：要考慮學費、暫時放棄工作的成本、未來收入的增加……）

第3章　財務報表

不管數字看起來多吸引人，文化和財務報表一樣重要。
——傑克‧威爾許（Jack Welch，1980年代GE總裁）

根據維基百科，「會計學（Accounting）是以研究財務活動和成本資料的蒐集、分類、綜合、分析和解釋的基礎上形成協助決策的資訊系統……研究對象是資金的運動。」然而，我相信本門課程大部分的同學，包含我本人在內，都沒有接受過正規的會計學訓練。而如果有上過會計學的同學，想必對那些會計科目感到頭痛，永遠分不清「借方」與「貸方」吧？

好消息是，財務管理這門學科需要的會計學基礎不多，如果真要說有需要，就是本章會談到的四種財務報表，分別為：現金日記帳、資產負債表、損益表、現金流量表。這其中，又以現金日記帳最實用，資產負債表最重要。如果真的不太懂，別忘了，有一種專門職業叫做「會計師」，可以搞定那些你頭痛的問題，不必太過擔心。

尤其是在文化創意產業中，有很多都是微型企業、新創公司，規模很小，也不需要啥複雜的會計作業。你只要專注在每一個報表的功能與精神上面就可以了。**數字精確不太重要**。

財務報表應該按照一般公認會計原則（Generally Accepted Accounting Principles, GAAP）來編製，所呈現的數字都是帳面價值（book values），以歷史成本（取得時的價格）來認列，稱之為「會計價值」。然而，經營者更應該關心的是「市場價值」（market value），這才是公司的實際價值。會計價值與市場價

值常常不一致，應該著重何者，我們會在適當時機說明。

第一節　記帳

記帳是財務管理的基礎。沒有清楚正確的帳目，就沒有辦法進行科學化的數字管理，決策只能純憑臆測和想像，脫離現實而導致無可避免的失敗。

然而，會計學家一定會告訴你做分類帳、做複式簿記，重複檢核每一筆帳目才能避免錯誤。老實說，我認為在資訊時代，那不太需要。因為現今的電腦會計系統很便宜又容易取得。（甚至有免費軟體，請自行到google查詢。）這些系統不會發生人工轉抄那種作業層級的錯誤。若是有錯，必然是因為刻意的人為操作──故意登載不實。在原始憑證階段就錯了，再厲害的複式簿記也沒用。如果一開始資料登載做對了，接下來，電腦系統會自動做好所有的分類帳。報稅的時候，再請會計整理一下就行了。

因此在這裡，我們只會談最簡單最常用的一種記帳方式，叫做「現金日記帳」（cash journal），又稱為「流水帳」。無論個人理財，或者社團、公司財務管理，都大大派得上用場。甚至你可以教小朋友，從小養成記帳的習慣。

顧名思義，現金日記帳只關心「現金」（cash）。真的有現金流量發生，才需要/可以登記進去，不關心/處理還沒發生的現金流量（如：下個月要還的錢、未到期兌現的支票……）。你可以在巷口文具行買到裝訂好，格式完整的現金日記帳（這是最佳選擇，因為紙本看得出塗改痕跡）；要不然利用電腦軟體（如Excel）紀錄也可以。但是請記住，切勿塗改。

一般而言，流水帳最少要有四個基本欄位：日期時間、收入、支出、結餘，你可以按實際需要再增加欄位，建議格式如下：

編號	日期時間	事由	收入	支出	結餘	備註
1	2016/8/1	帳戶交接	100,000	-	100,000	
2	2016/9/2	入會費 7 人	7,000	-	107,000	李小珊等
3	2016/9/5	迎新餐會	-	8,000	99,000	
4	2016/9/8	申請文化部補助	-	-	99,000	
5	2016/9/10	代墊車資	-	1,500	97,500	王小華
6	2016/9/15	文化部補助	100,000	-	197,500	2016/9/8 申請
7	2016/9/16	歸墊車資	1,500	-	199,000	王小華

圖1 現金日記帳

　　每一筆現金流量，會計上稱為一筆「交易」，本範例共有7筆交易，依編號說明如下：

(1) 流水帳交到新的經辦人員手上，最好另開一本。把前一本的結餘款，當作第一筆收入。

(2) 所有現金收入都要記錄到「收入」欄中，然後在「結餘」上加入這筆款項。在這裡，我們就看到了重複檢查的功能。只要結餘和現實帳戶中的款項不合，或者與收支款項兜不攏，都可以馬上發現。並在備註欄中註明這筆交易的細節。

(3) 所有現金支出都要記錄到「支出」欄中，然後在「結餘」上減去這筆款項。

(4) 照理說，對外申請補助屬於尚未發生的款項，不應該記入現金日記帳。但是，在你沒有其他帳冊的情況下，勉強利用流水帳記下這筆交易，以後要查比較方便。記得，收支都是0。

(5) 代墊的款項雖然以後會收回，仍然必須記入帳簿，才能保持帳款正確。

(6) 交易編號4的補助申請核撥下來了，記入收入。在備註欄註明對應哪一個案件。

(7) 代墊借出的款項，回收回來了，也在備註欄註明對應哪一個案件。

使用現金日記帳時要注意以下幾點：

(1) 要保持帳目完整、交易連續編號。不可塗改刪修或撕去簿頁；也不可以跳行跳頁寫。記錄錯誤時，用紅筆畫橫線在上面，緊接著重寫一筆即可。要是用電腦記帳，看不出塗改痕跡，容易產生弊端。請務必叮嚀帳務人員小心。

(2) 日結月清。交易量大時，可以每日一頁（或數頁），結清了再寫下一日的紀錄。並在最後一筆交易後方記錄「以下空白」，每月月底（或一日營業結束），和收銀機裡的現金核對結餘。如有差異，務必在帳目上交代清楚。

(3) 要對自己誠實。這本現金日記帳只有經營者等少數人可以看到，也是事業經營第一線的現場紀錄，務必要真實可靠。企業經營實務上，常有「兩套帳」、「內外帳」的做法（雖然會計／稅務／法務人員都會告訴你別這麼做）。現金日記帳作為一本「內帳」相當適合，經營者自己記自己看就行了。至於給外界第三人（如稅務機關、金融監管機構⋯⋯）看的「外帳」，就交給專業人員去維持。

很簡單吧？請從現在開始記帳！

第二節　資產負債表

資產負債表（Balance Sheet）是用來評估公司價值及財務狀況的最主要工具。一般畫成T（下）字形，格式如下：

表1　資產負債表

資產	負債
	權益

資產（asset）指的是能為企業帶來經濟利益的所有資源。可以分為兩大類：流動資產（current asset）及固定資產（fixed asset）。在會計上，能在一年內「變現」（變成現金）的資產叫做流動資產，超過一年以上才能變現的資產，稱為固定資產。

流動資產包括了現金、應收帳款（應該收卻尚未入帳）、存貨……項目。固定資產包括土地、廠房、設備……不易變現的項目。

資產也可以分為「有形」（tangible）及「無形」（intangible）兩類。有形資產看得到摸得到，如土地、廠房、設備……；無形資產則包括商標（trademark）、信譽（reputation）、智慧財產權（IP, Intellectual Property）……。

在文創產業中，公司價值大部分來自於無形資產；相對於有形資產，較難以評估鑑價。因此，有些「傳統」的會計單位，可能沒法把你最自豪的無形資產（如：一首歌、一部電影），鑑定出市場價值後列入對外呈現的資產負債表中。然而，你自己仍能夠建立另一套資產負債表，以便自我檢視企業的經營狀況。

負債（Debt, Liability）分為流動（current）與長期（long-term）兩種。流動負債指到期日在一年以內；長期負債則指到期日超過一年以上。

權益（Equity）又稱作股東權益（shareholder's equity）或業主權益（owner's equity），是資產減去負債後的差額。簡單的說，它代表著企業老闆真正擁有的價值。

建立和維護資產負債表時，有一條最重要的恆等式，稱為「資產負債表恆等式」或「會計恆等式」：

$$\boxed{資產 = 負債 + 權益 \qquad A = D + E}$$

資產負債表的左項總和一定等於右項的總和，時時保持平衡（balance），這也是資產負債表的名字由來。如果你發現資產負債表不平衡，那肯定是哪裡記載計算出錯了。

也可以用另一個角度來檢視，將這條恆等式移項，變成：

$$\boxed{權益 = 資產 - 負債 \qquad E = A - D}$$

在公司結束營業時，必須清算所有資產，債權人擁有現金的「優先請求權」，剩下的才屬於業主的「剩餘請求權」（residual claim）。也就是說，所有資產減去所有負債以後，剩下的才是業主真正擁有的價值。

開心文創公司				
2016資產負債表			單位：百萬M	
資產		負債＋業主權益		
流動資產		流動負債		
現金	10	應付帳款		3
應收帳款	2	應付票據		2
存貨	8			5
合計	20	長期負債		20
固定資產		業主權益		
廠房設備	100	普通股		130
IP	50			15
合計	150	合計		145
總資產	170	總負債＋業主權益		170

各會計項目的數值都清楚的表示在表中，毋庸說明。各分項可以合計，方便查看。

另外，資產負債表裡還可以抓出一個重要的經營數據「營運資金」（working capital）：

$$\boxed{營運資金 = 流動資產 - 流動負債}$$

這個數字代表企業的短期周轉和償債的能力。只要營運資金是正值,短期內應該不會發生財務危機,因為流動資產足以拿來變現,因應即將到期的流動負債。

【範例21】營運資金 > 0

開心文創公司			
資產負債表		單位:百萬M	
資產		負債+業主權益	
流動資產	150	流動負債	100
固定資產	350	長期負債	100
		業主權益	300
總資產	500	業主權益+負債	500

營運資金 = 150M − 100M = 50 M > 0

若營運資金是負值,則企業將面臨「藍字倒閉」── 一般會計的習慣,正值用藍字、負值用紅(赤)字。亦即,明明還擁有許多資產,在資產負債表上各欄都是藍字,但是卻無法償還即將到期的債務,面臨財務危機(financial distress)。

【範例22】營運資金 < 0

開心文創公司			
資產負債表		單位:百萬M	
資產		負債+業主權益	
流動資產	100	流動負債	150
固定資產	400	長期負債	50
			300
總資產	500	業主權益+負債	500

營運資金 = 100M − 150M = −50 M < 0

【課堂練習13】編製資產負債表

開心文創公司CEO施曼妮要求各部門回報經營情況如下，請協助她製作資產負債表，以便向股東報告：

財務部：現金120M、應收帳款（通路等）25M、其他有價證券200M；流動負債（供應商等）50M、長期負債110M

倉管部：文創商品存貨80M；CD、海報、光碟等30M

智財部：歌曲及遊戲版權等250M

總務部：辦公家具、生財器具等殘值30M

請問營運資金為多少？

第三節　損益表

損益表（income statement）衡量期間內的經營績效（賺錢？還是賠錢？），通常是一季或一年。損益表有三個主要項目「收入」（income）、「費用」（expense）、「利得」（profit），這三者間的關係稱之為損益表恆等式：

$$\boxed{\text{收入} - \text{費用} = \text{利得}}$$

實務上，通常會應用「綜合損益表」（Statement of Comprehensive Income），它包含下列項目：

• 營業收入：營業活動所產生的收入，又可以分為三種：

　- 銷貨收入：銷售商品產生的收入。

　- 勞務收入：提供勞務產生的收入。文創業相當多屬於這種類型，比如代工、設計、插畫、演出……。

　- 業務收入：居間代理商品或勞務所產生的收入。比如仲介、媒合、經紀……，文創業內也相當多。

- 營業成本：上項三類營業活動所產生的成本。指「一次性」的支出，比如購置原料。
- 營業毛利：營業收入 – 營業成本。
- 營業費用：營業活動所需要的「經常性」支出，比如水電郵資等損耗。
- 營業利益：營業毛利 – 營業費用。
- 營業外收支：與營業活動無直接關聯產生的收支項目，比如銀行存款產生的利息。
- 稅前淨利：營業利益 + 營業外收支。
- 稅後淨利：稅前淨利 – 所得稅。簡稱為「淨利」（net income），顧名思義，就是以扣除所有支出項目後，所產生乾乾淨淨、純粹的利益。由於這一項放在損益表的最下面，也是股東業主最關心的項目，看這一項，就知道公司賺不賺錢，又稱為Bottom Line（底線）。

表2　損益表

開心文創公司		
2016損益表　單位：百萬(M)		
淨銷貨		1,000
銷貨成本		200
折舊	–	100
息前稅前盈餘		700
利息	–	50
應稅所得		650
稅(20%)		130
淨利		520
股利	120	
保留盈餘	400	

　　要特別注意的是，損益表所記載的項目是「流量」，而並非「存量」。以往曾經發生、但不在期間內的現金流，不應該被列入損益表。最常犯的錯誤是：沒學過製作財務報表的經營者，會將事業一開始的開辦費用，「一直

重複」列入當期的損益表中。

 EPS

每股盈餘（EPS, Earning Per Share）：將淨利除以總股數。這也是業內最常用來比較公司盈利狀況的指標。

$$每股盈餘（EPS）＝淨利 / 總流通股數$$

因為EPS排除了公司規模的影響：規模100億股的公司賺1億，和規模一萬股的公司賺100元，經營績效差不多。

和同業或者其他人士談論公司經營績效時，通常也是直接講EPS數字，不用特別說是EPS。要是聽到有人說：「某某公司今年賺1.5元。」意思是每股賺1.5元，而不是盈餘總共1.5元。（那未免也太慘了吧！）

【範例23】EPS

假設開心文創公司有100M股普通股流通在外。根據上面的損益表，EPS是多少？每股股利是多少？

開心文創淨利是520M。總股利是120M。

每股盈餘（EPS）＝淨利 / 總流通股數＝520M/100M＝5.2

每股股利＝總股利 / 總流通股數＝120M/100M＝1.2

 沉沒成本

此處談到的「成本」，都是「會計成本」，用來呈現以往的經營績效，不見得適合做為未來決策的基礎。順便帶入一個經濟學上的重要觀念「沉沒成本」（sunk cost）。它指的是那些「已經付出且無法回收」的成本，**不應該成為未來決策的考量**。

尤其是長期性的投資專案，隨著時間演進，有時會出現開始前沒意料到的變化（術語叫做「風險」）。是否應該繼續投資，常常會造成決策者的迷惑。這時你應該冷靜攤開以往的投資紀錄，盤點哪些成本是可以回收、哪一些不能回收；不能回收的成本就不要納入考量，只就未來的利弊得失做考量。那就可以大幅提高決策的品質。

比如你在一間公司上了十年班，餓不死但也沒啥前途。忽然間有個機會，可以跳槽到各方面待遇都比現在更好、而且前景光明的公司。那麼，你要不要考慮都已經投資了十年的青春在舊公司，捨不得離開？

當然不需要考慮，馬上去新公司！你投資的青春無法回收，已經成為沉沒成本囉。你只要好好為未來打算就可以了。同樣的道理也可以適用在很糟的婚姻、很糟的大學志願、很糟的……上。你越加深入思考，應該會發現，沉沒成本的「不可回復性」，往往與（已逝去的）時間有關（還記得前一章嗎？）。

第四節　現金流量表

「現金流量表」（Cash Flow Statement）用來記載於期間內（月、季、年）的現金流入和流出。用來分析公司短期內的償債能力，避免財務危機。

現金流量分為三種性質：

- 營業活動（operation activities）：前節所提到的銷貨、勞務提供以及代理所產生的現金收支。
- 投資活動（investing activitie）：處分資本財所產生的現金收支。資本財是指「未來會產生現金流量」的投資項目，如設備、廠房、圖庫、歌曲版權……。
- 理財活動（financing activities）：處理證券（股票或債券等）或債務／債權所產生的現金流量。

【範例24】現金流量表

開心文創公司	
2016現金流量表　　　　　單位：百萬M	
現金（期初）	400
營業活動	
淨利	520
現金增加（＋）	
折舊	100
應付帳款增加	50
現金減少（－）	
存貨增加　　　　－	150
應收帳款增加　　－	30
營業活動淨現金	890
投資活動	
固定資產增加	800
理財活動	
負債減少	150
發放股利	120
現金淨增加	360
現金：年底	760

　　隨著時代進步，已經有許多軟體系統可以提供即時性的現金流量表，讓經營者時時掌握公司即時的償債能力，提高日常作業的效率，可以多加採用。

第五節　財務報表分析

　　傳統的財務管理課程中，報表分析的篇章分量很多。因為計算財務數

據，是培養成為一個財務經理人、或者財務分析人員的重要訓練。但是，本書卻不打算這麼做，因為我們的目標是建立文創從業人員的基礎財務知識，會著重於各種財務分析工具背後的意義以及對事業經營的啟示，而不在於繁瑣的計算上。

　　財報分析中，最重要的工具叫做「比率分析」，將期間內不同項目的財務數據相比較，得出單一比率，用以快速簡便的判斷出經營的績效，依理性做出決策。這道理就像兩個小朋友比成績，達樂說他數學考90分、曼妮說她英文考80分，我們無從判斷其優劣；「比較」好的方法就是要在同一基礎上「比較」，請兩位小朋友拿同一次月考、同一個科目的成績來比一下，那麼優劣立判。

　　尤其是文創業「包山包海」，種類繁多，彼此之間的性質差異甚大。但是資源（錢）有限，要能選擇出適當的投資項目，就需要比率分析。通常這些數據都是由專業財務人員提供，不用太煩惱計算問題。

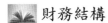 短期償債能力

$$流動比 = 流動資產 / 流動負債$$

比例越高，代表償債能力越強。通常在2為適當。但是，比例過高又不見得好，那代表你的流動資產太多了，有可能是固定資產的投資不夠。

$$速動比 = （流動資產 - 存貨 - 預付費用）/ 流動負債$$

可以測定最壞情形下之流動性：當債主忽然登門討債，能立刻拿出現金來還錢的能力。

　 財務結構

分析財務結構主要用兩項比例：

$$\boxed{\text{財務槓桿比率（financial leverage）＝負債／權益}}$$

越低代表財務槓桿使用比率低，公司負債很少，不易陷入財務危機。但是，財務槓桿太低也不見得是好事，那代表公司的融資能力較差。

$$\boxed{\text{負債比＝負債／資產}}$$

越低代表長期償債能力佳，對債權人越有保障。照理說，不應該超過1（請回想資產負債表恆等式）。但是實際上，很有可能財務槓桿使用過度，舉債超過實際資產。

資產管理能力

主要使用「周轉率」（turnaround ratio）：

$$\boxed{\text{存貨周轉率＝銷貨成本／平均存貨}}$$

用來衡量企業的銷貨能力和速度，越高越好。要記得，庫存就是成本壓力。尤其在電子商務時代，企業追求「零庫存」，存貨周轉率可能會接近無限大。

【範例25】文創咖啡廳的周轉率

服務業比較沒有存貨的問題，但仍然可以利用週轉率的概念。比如時下流行開「文創咖啡廳」，講究慢活、藝術氣氛，希望客人能坐久一點，品味生活。

開咖啡廳其實不是賣咖啡，而是賣「座位」（便利商店才是賣咖啡）。每一個空位都可以看做是存貨，形成經營的成本壓力——越多空位，代表生意越不好；空位越少，代表存貨越少。進一步來說，如果在營業時間內，你能讓同一個座位多坐幾次客人，那座位的利用率——坊間稱為「翻桌率」（也就是周轉率），就會更高。

用周轉率的概念來分析文創咖啡廳的經營邏輯：客人坐得越久，能賣的空位數就越少，翻桌率越低，周轉率也就越低，代表經營績效很差——與一開始開文創咖啡廳的目標是不是有些矛盾呢？

> 應收帳款周轉率＝銷貨淨額／全年平均應收帳款。

「應收帳款」（account receivable）對還未踏入職場的同學而言，是個相對陌生的概念。它的意義在於，你已經銷貨完成，卻還沒收到帳款。應收還未收，是「自己的錢，但目前在別人荷包裡」，看得到吃不到。因此，這一類的款項，儘量越少越好。應收帳款周轉率越高，代表收款的效率越好。也就是說：**銷貨要儘量快，收錢也要儘量快**。

在文創業界，玩意做得好是一回事，但業主老闆覺得好又是另外一回事。常常會造成結案收款的困難。應收帳款常常堆得半天高，導致經營的困境。因此，坊間有「收錢才是師傅」之說，懂文創又會收錢的人才，走到哪裡都有人搶著要。同學一定要好好學習財務管理。

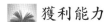 ## 獲利能力

> 資產報酬率（ROA, Return on Asset）＝稅後損益／總資產

用來衡量每一分資產可以產生多少的利潤，越高越好。

> 股東權益報酬率（ROE, Return on Equity）＝稅後損益／股東權益

用來衡量每一元的股東權益可以帶來多少利潤，越高越好。

> 純益率＝稅後損益／銷貨淨額

當然越高越好，但有可能因為行業別產生甚大的差異性，比如高單價周轉率低的行業（如精品店），需要有很高的純益率才行；而低單價周轉率高的行業（如大賣場），純益率低也可以維持。

另外最重要的是EPS，已經在前面說過，不再重複。

市場價值比率

這項財務比率最大的特色是使用「市價」（market value）來衡量經營績效。最重要的指標是「本益比」（P/E, Price/Earning Ratio）：這在市場上極為常用，是個簡易有效的指標。口語簡稱「PE」。本益比代表取得每一分盈餘所需花費的股價，當然是越低越好。

$$P/E = 每股價格 / 每股盈餘$$

比如開心文創公司的股票，每股交易價格是100元，去年EPS = 5，那麼P/E = 100/5 = 20。

假設文創類股的P/E平均為60，代表開心文創非常值得投資。

另外，在一些新興的產業中，大多數的新創公司都處於虧損的階段。由於盈餘是負值，P/E算出來也是負的，不具任何意義。因此，有些人倡導「本夢比」的概念，將未來「夢想中」的盈餘拿來放進P/E公式計算，來彰顯新創公司的價值。比如全球知名的公司Google、Facebook……都有好長一段時間，股價完全沒有盈餘支撐。

文創產業也很多公司目前處於「本夢比」階段，至於信不信就看個人了。

【專題】文創產業的財務報表

在台灣，所有公開上市的公司的財務報表及相關情報，都可以在台灣證券交易所（簡稱：「證交所」）的「公開資訊觀測站」http://mops.twse.com.tw/取得。這是政府金融監理很重要的一環，所有公司都有責任和義務提供正確的資訊，否則是要坐牢的。

由於文創正當紅，證交所特別匡列了「文創」類股，在2016年底，共有

24檔股票。依《文化創意產業發展法》的子產業分類方式，你會發現有很多公司都是跨領域經營，沒法被簡單分類，但為了說明的方便，還是依其主要業務粗略分類如下（股票代號　公司簡稱）：

- 數位內容產業：遊戲產業占大宗，包括3064泰偉、3083網龍、3086華義、3293鈊象、3546宇峻、3662樂陞、3687歐買尬、4946辣椒、5263智崴、5478智冠、6111大宇資、6169昱泉、6180橘子、6482弘煜科、6542隆中。另有5278尚凡（愛情公寓）
- 電影產業：6144得利影
- 廣播電視產業：8450霹靂、4806昇華
- 創意生活產業：2926誠品生活
- 流行音樂及文化內容產業：8446華研
- 工藝產業：9949琉園
- 視覺藝術產業：4803 VHQ-KY
- 出版產業：8923時報

在查詢框輸入公司名稱，就能得到各家公司完整的財務報表以及其他必須公開的資訊。並且，還有簡明的摘要，提供投資參考。

我們以「誠品生活」（就是我們熟悉的文創指標性公司「誠品書局」）為例來查詢：

可以看到公司的基本資料和重大訊息。

財務資訊在下面，含簡明「資產負債表」、「綜合損益表」以及「現金流量表」，雖然為了呈現多年度的資訊，格式與課本略有不同，但同學應該也可以看懂相關的會計項目：

我們可以看到這家公司104年的EPS高達11.82，等於「每一股賺一股」。（因為每股面值10元，獲利11.82，相當於翻倍賺。這家公司一年賺了一倍有餘的資本額。）

最近一期的現金股利，每股分配7.58元，也是非常高的水準。

同年度的製造業龍頭「台積電」，現金股利是6元，相比之下，文創業的獲利水準非常高。

重點回顧

- 財務報表應該按照一般公認會計原則（GAAP）來編製，所呈現的數字都是帳面價值，以歷史成本認列，稱之爲「會計價值」。然而，經營者更應該關心的是「市場價值」，這才是公司的實際價值。會計價值與市場價值常常不一致。
- 記帳是財務管理的基礎。沒有清楚正確的帳目，就沒有辦法進行科學化的數字管理，決策只能純憑臆測和想像，脫離現實而導致無可避免的失敗。
- 流水帳最少要有四個基本欄位：日期時間、收入、支出、結餘，你可以按實際需要再增加欄位。
- 現金日記帳要點：(1)要保持帳目完整、交易連續編號；(2)日結月清；(3)誠實。
- 資產指的是能爲企業帶來經濟利益的所有資源。可以分爲兩大類：流動資產及固定資產。
- 能在一年內變現的資產叫做流動資產；超過一年以上才能變現的資產，稱爲固定資產。
- 損益表衡量期間內的經營績效（賺錢？還是賠錢？），通常是一季或一年。

- 損益表有三個主要項目「收入」、「費用」、「利得」，這三者間的關係稱之為損益表恆等式：收入 – 費用 = 利得。
- 「現金流量表」用來記載於期間內（月、季、年）的現金流入和流出。用來分析公司短期內的償債能力，避免財務危機。
- 「比率分析」將期間內不同項目的財務數據相比較，得出單一比率，用以快速簡便的判斷出經營的績效，依理性做出決策。

習題

1. 學會記帳。從今天開始記一週生活開支的流水帳。（交作業以後也要繼續記下去）
2. 任選一檔本章專題中所提到的文創產業公司，分析其財務報表，並以具體數據作出你的投資建議（儘量不要談營業內容，只看財務數據）。
3. 到離你最近的「文創市集」去，訪談任何一家業者。並盡可能幫他把他最近一期的財務報表做出來。

第二篇

文創事業經營

本篇的學習目標，是將第一篇學過的財務管理知識，落實到文創事業經營上——

第四章「企業組織」學習企業組織的形式，建立公司治理的基本觀念，特別針對「代理問題」提供解決方案。然後，瞭解公司與金融市場及各利害關係人的現金流動方式。最後以影視製作公司為例，介紹文創業特殊的雙軌式組織。

第五章「企業的生命週期」則將以財務報表的角度，來理解企業生命週期——從創業到結束營業。最後更有文創產業的實際案例，針對同學最喜歡的業種——文創咖啡店，提供完整的經營經驗與解析。

第六章「創業投資」討論如何創業：建立商業模式（Business Model）、編製財務計畫，以至於寫出完整的事業計畫（Business Plan）。接下來指導如何進行創業集資：尋找資金來源、創投機構、以及各個階段的股權規劃方法，以至於IPO。最後則有文創創投公司的介紹。

第七章「營運資金管理」則進入企業的日常營運活動的說明。學習管理現金的來源及使用，短期融資的方法，並且有出版產業的案例分析。

第八章「退出事業」兵分兩路，分別介紹事業失敗時，財務的處理方式；以及事業成功時如何進行股權轉讓，以儘量減少傷害及最大化獲利的方式，順利的退出事業。

第4章　企業組織

> 人們塑造組織，而組織成型後就換為組織塑造我們了。
>
> ——邱吉爾（英國首相、諾貝爾文學獎得主）

「企業」（Enterprize）由兩個中文字組成，「企」代表「企圖」；「業」是指「事業」，合起來就是「企圖事業」。這些企圖打造一番事業的人，就被稱為「企業家」。有趣的是，企業家的英文是「Entrepreneur」，中文又常被譯作「創業者（家）」，在原文中就有「冒險犯難」的意思。這頗能抓住**企業經營活動的核心本質：承受風險，試圖獲取利潤**。

隨著時代和科技的進步，企業的組織方法也日新月異。因此，我們只能就目前各國認可的企業組織型態予以討論，依業主權益的型態分為兩大類：第一節將討論「無限責任」的類型：「獨資」與「合夥」；第二節再討論「有限責任」的類型：「有限公司」及「股份有限公司」。

第一節　無限責任

獨資

獨資（sole proprietorship）就是獨自一人所擁有的企業。自己做自己賺，是最古老的企業型態。你在街旁看見的小店、小攤販，多屬於這一種類型。其中有一部分，根本沒向政府登記註冊，也就不受法令約束和保護，當然，也沒有所謂稅務的問題。

簡單的說，業主本身就是企業，獨享全部的利潤，也承擔債務的「無限清償責任」（unlimited liability，無限責任）。白話說就是：企業賺錢，業主就賺錢；企業欠債，業主要負責還；還不完就賣家產，還完為止——不要小看「無限責任」這四個簡單的字，這可是許多人作生意作到破產（bankruptcy）、妻離子散、家破人亡的主因。

雖然企業的本質就是冒險，但那是指財務上的風險。照理說，欠錢還錢就好，連生命、家庭、幸福……這些更高的價值都賠上，就不太對勁了。因此，才有了「有限責任」的制度設計，我們在下節將會說明。

另外，獨資企業的存續期間受限於業主本身的壽命，人死關門；資本受限於業主個人的財富，有多少錢做多少生意；所有營業收入都得納入業主的個人所得去課稅。當然，這是指稅捐稽徵機關查得到的狀況下。你應該知道很多攤販不繳稅，也聽過有人靠賣肉粽買了三間房的都市傳說吧？

文創產業內有非常多獨資企業，尤其是創作者、演藝人員、藝術家……自己做自己賺的職業。所謂的「個人工作室」（SOHO）也大都是這種類型。企業價值來源是個人的才能與天賦（talent）（你可以想像成血輪眼），無法分享、也無法移轉。因此，企業的所有權移轉也會有困難。

這也是目前文創產業發展的難題之一：試想周杰倫說把他的公司賣給你，但他自己另開一家。那麼，你到底能買到什麼？一紙毫無價值的合約，一具空殼的公司。

所有權移轉困難就會導致投資實務上的困難：你看好某某人（的獨資事業），無論全部或部分，你都不可能投資或買下他、與他分享利潤；只能默默看著他祝他幸福。

進一步思考，獨資企業要籌資擴大規模經營，也就受到限制——文創業者並非玩意不好，而是沒辦法提出一套做法，可以分享業主個人才能所帶來的利益給投資人。簡單說：**不分享就沒錢**。

📖 合夥

　　合夥（partnership）企業與獨資企業類似，差別在於業主，也就是「合夥人」（partner）有兩位（或以上）。成立之初，必須以契約明訂合夥人的權利與義務，共同承擔利潤與損失。分配比例亦須事前就白紙黑字在契約上明訂。最重要的是，對企業債務負有無限清償責任——不管欠下多少，大夥要賣家產，還完為止。因此，合夥企業在《公司法》中，近似為「無限公司」。合夥企業的存續期間、資本限制、所有權移轉的性質都與獨資企業雷同，不再重複。

　　事業性質屬於「專業服務」的企業常以合夥型態來組織，比如：聯合律師、會計師事務所、聯合診所……。在文化創意產業中，也會有聯合設計師事務所、聯合工作室……之類的公司。然而，很奇妙的是，數量比獨資少很多。這現象大概也與創意工作彼此間性質差異大、又較難合作有關。比如電影製作這一行，燈光師和音效師合夥成立工作室，實在看不出必要性。

第二節　有限責任

　　企業組織中，最常見的型態就是「公司」（Co., Corporation），是由一個以上（通常是很多位）股東所出資成立，以營利為目的的企業組織。如果沒有特別說明，企業和公司幾乎就是同義詞。

　　公司必須遵循各國相關法令（如台灣的《公司法》）來成立，性質屬於「法人」，擁有許多自然人所擁有的權利和義務，並有特有權利。要注意的是，公司與業主、股東完全獨立——股東歸股東，公司歸公司——公私分明，不可混為一談。

　　也因此「有限責任」（limited liability）的概念得以實現。公司通常就是指「有限公司」（Co., Ltd.），**代表這家公司的股東，只負「有限清償責**

任」——**債務清償責任只以他的出資額為限**。舉例來說，某股東只出資1M，如果公司欠下債務，那是公司的事，股東就只要把那1M賠完就行了。沒還完的部分，不關股東的事；也沒有任何人（包括法院）有權利叫股東負責賠償公司的債務。在台灣，公司法又把有限公司分兩種：「有限公司」與「股份有限公司」，大致就是股東人數與資本規模的差異而已，權利義務大致相同，可以一併討論。

有限責任的概念是商業史上的一大躍進。由於賠錢的風險受到控制，即使生意失敗了，頂多把出資額賠光，股東不至於連自己的家產都賠進去。人們就更願意去承擔風險，從事商業活動；進而促進了人類文明的發展。我們也可以看到，有限責任制度貫徹得越徹底的地區（如美國），創業活動越興盛；而有些特定股東還需負「連帶清償責任」的地區，如台灣，創業活動就受到相當的侷限。

股東對公司的所有權以股份為代表。公司認股份不認人，有股份的就是股東。股東選舉董事會，再由董事會挑選經理人，管理日常業務。因此，股東擁有公司的實際控制權，透過股東會上「一股一票」，來間接參與經營。

同理，股份相當容易轉移給他人，所有權也就隨之移轉。第三者可以藉由收購股份來投資公司，參與經營並分配利潤。使公司更容易被投資，擴大經營規模，取得競爭優勢。

公司是獨立法人，存續期間不受任何股東的壽命限制。這使得「永續經營」變得可能，也是每一代經營者所必須重視的課題。

但是，由於公司獨立法人的地位，也必須依法繳稅。一筆營業收入可能會被「多重課稅」：交易時先扣營業稅；公司有盈利再繳一次公司所得稅；發放股利給股東後，股東又得被扣一次個人所得稅。（依國家地區法令而異）

第三節　公司組織

一個典型的公司組織如下圖：

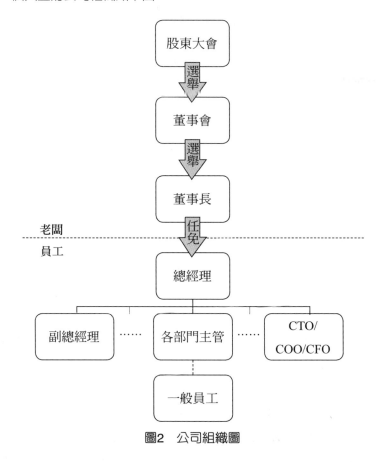

圖2　公司組織圖

公司的擁有者，也就是俗話說的「老闆」，其實是股東。股東擁有公司的最高決策權，透過一年一度的「股東常會」或「臨時會」，以股份數「一股一票」表決公司重大事項。但是公司的日常業務繁雜；而且公司越大，股

東越多──大型上市公司擁有幾十萬股東是常態。「三個和尚沒水喝」，要讓這麼多人形成集體決策，有實務上的困難。於是，必須選出少數代表，也就是「董事」，組成董事會（board of director）來代表股東進行決策。董事會決策是以「一席一票」來表決，不論個別董事持股數。因此，董事會席次通常是奇數（至少3席）。由於董事是由股東「一股一票」選舉，因此若公司總發行股數（即票數）為V，共需選出N席董事。那麼確保當選董事就需要V/(N + 1) + 1票。

董事會的主席（chairman）就是「董事長」（president）。在不同的國家地區，可能會有不同的稱呼，如總裁、會長、社長、主席……，受到流行文化的影響，有時也會相互混淆。董事長對外代表公司，是一家公司的最高領導人。所以，有時會被稱為「老闆」。

【範例26】董事會選舉

開心文創公司發行100K股，需選出5席董事。股東施達樂想要擁有1席董事席次，最少須掌握100K/(5 + 1) + 1 ＝ 16.67K股。如果想要擔任董事長，需要有3席董事支持，也就是最少爭取到16.7K*3 ＝ 50K + 1股，也就是過半股份支持就行了。

因此，我們常看見大型公司在年度股東會前，有心人出面收購股東的「投票權」，那也是一筆不錯的外快喔。

董事長會任命總經理，來總管公司的日常營運。這個職位，在國外常被稱為CEO（Chief Executive Officer），大陸稱為「首席執行官」。從總經理以下，身分都是公司的「員工」（employee），也就是受薪階級勞工。他們拿公司發的薪水，可以由總經理予以獎懲升遷任免。

這樣的「雙層結構」：**老闆歸老闆，員工歸員工。可以有效課責，提升經營績效**，也是近代商業史上的重大發明。可以試想在合夥企業中，每個合

夥人都既是老闆、也都是員工，要是有事情辦砸了，身為老闆的你要怎麼去要求另一位老闆呢？

當然，法令沒有規定，公司的員工不能成為老闆。也就是說，員工也可以擁有公司的股份，成為股東的一分子。甚至，有的董事長也自己身兼總經理，既領股利又領薪水。

總經理以下的企業組織，就隨著公司的業務性質、規模、策略需要……因素而有所差異，我們不再細論。如果公司有設副總經理或者各部門執行長（如CFO、CTO、COO……），通常首席就是財務部門。決策如果有異見，通常最後也是聽財務部門的。因為說到底，無論業務為何，總歸公司是要營利，管錢的部門最重要。

代理問題

股東是公司的老闆，但卻把公司的業務委託給經理人。這就形成了典型的「代理問題」（agency problem）情境。

代理問題是指**委託人（principle）和代理人（agent）之間因為目標不一致，而產生利益衝突**。舉例而言，公司的目標是營利，股東將資本（錢財）委託給經理人管理，目標是要賺錢分紅。但是，經理人是領固定薪水的，拼命又沒額外好處，幹嘛那麼拚？他手上有錢財，當然要好好花才行啊，於是買豪華公務車、坐私人飛機、出差一定五星飯店報公帳……那不是更划算？你也會看到大賣場裡的計時工讀生，總是在貨架間摸來摸去，避免去倉庫費力搬貨。反正是計時發薪水的，把時間混過去就好。

代理問題的成因，經濟學叫做「誘因不相容」（incompatible incentive）。委託人和代理人之間，利益不一致導致動機不一致，於是代理人會違反委託人的託付，做出違反委託人利益的行為。你應該可以發現，這問題不只在公司治理上會發生，在日常生活中也普遍可見。比如我每次拿錢拜託小孩去買鹹酥雞，買回來一定是他愛吃的料，而不是我愛吃的料；在小

說裡也常常看到宅男拜託文青幫忙寫情書給心儀的正妹，結果正妹卻跟文青在一起了，悲劇；古時候皇上派將軍出去打仗，結果將軍貪生怕死，投降敵國……這些都是代理問題。

解決代理問題有兩類方法，第一類利用「監督」，委託人監督代理人的行為，不符自己利益時予以糾正。比如董事會設置財務稽核人員，隨時監督經理人怎麼花錢。但是，可想而知，監督必須花費額外的成本（如僱用稽核人員）。而且，代理人執行業務時，也會因為監督而降低效率（如果你有對付過主計單位應該知道我在說什麼）。甚至，有時候監督根本不可行。

第二類是設計「誘因相容」（compatible incentive）的機制，讓代理人和委託人的利益一致，目標就會一致，行為就不會脫軌。比如設計「員工入股」的制度，讓員工可以取得股份，成為股東的一分子，那麼，公司賺錢，他也可以分紅，員工就比較會為公司而打拼。

誘因設計是經濟學中一個熱門的研究領域。你也可以想想看有沒其他的方法解決代理問題，或許可以投稿論文，登上國際的舞台喔！

現金流向

現在我們要用鳥瞰視野，來觀察公司與外部環境間各種利害關係人的金錢流向，瞭解財務管理的主要議題，如圖3。金融市場中的交易者包含股東和債權人兩種類型，現金流向發生的順序以數字編號：

(1) 公司發行證券籌集資金：證券分為兩種：股票及債券。相對的，給出了股權和債權。

(2) 將現金投資到資產：資產分為兩種：流動資產及固定資產。

(3) 營運活動將資產轉為現金流量：營運活動包括生產、銷貨、提供服務、居間代理、收款……，其本質都是將資產轉變成現金流量。

(4) 繳稅：只要產生營收，政府一定會優先把稅拿走。而且必須以現金支付，不得拖延。否則……

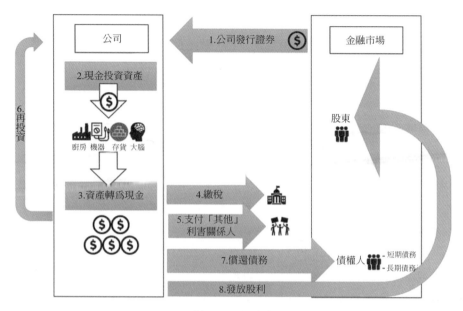

圖3　現金流向

(5) 支付「其他利害關係人」：有時候，會有股東、政府以外的「第四者」分走公司產生的現金流量，統稱為「其他」利害關係人。如果沒有滿足他們，常常會對公司的營運產生或大或小的影響：貶損商譽，甚至導致關廠關店。常見的有環保團體、公益組織、文化資產保護人士⋯⋯。經營公司時特別要注意，用心對待。該付錢解決就要付錢解決，可以避免很多麻煩。

(6) 再投資：營運產生的現金流量，可以回流到公司再投資，製造更多的現金流量。

(7) 償還債務：回收債權，優先於發放股利。

(8) 發放股利：最後剩餘的現金流量，按照股東的持股比例發放股利。

經過了這八個步驟，現金流回金融市場。重新開始下一個期間的循環，生生不息。

【範例27】文創募款

先看一則2016年的新聞[1]——

3名假大學生自稱是高雄文創青年，要衝比賽成績向真的大學生借3萬元，等拿到目標獎學金後立刻還錢，大學生好心借對方錢，卻苦等不到人和錢才知被騙，警方已逮1嫌，至少有4名大學生受害。

我常常建議學文創的同學們，辦理各項活動要儘量「自給自足」，不要輕易就要向外面商家「募款」、「拉贊助」。通常人家都會給錢，但轉過身去，卻不見得那麼樂意。因為說到底，你是「其他利害關係人」，對人家公司的營運只會添亂。

再者，養成這樣的「伸手要錢、不勞而獲」的習慣，對以後你自己經營事業也沒幫助。更糟的是，文創業界常傳出這種募款醜聞，對於從業人員個人和產業的整體形象，都是重大的打擊。

【專題】影視製作公司的組織

文創產業中最重要也最大的子產業，當屬「內容產業」。其公司組織最重要的特色就是「雙軌式」型態：行政管理有一個「科層式」（hierarchy）的樹狀組織，另外還有專為內容製作而產生的專案性組織。這種組織方式，

1　引自聯合新聞網　http://udn.com/news/story/7318/2032819

類似「矩陣式」和「專案式」的混合體，講究人員的多工與彈性，特別適合以創意導向的內容生產。

　　比如在出版產業，我們會看到「總經理—經理—職員」和「總編輯—編輯—助理編輯」這種二元組織。個別人員名片上會同時寫著兩個（以上）的頭銜，如「副總經理兼總編輯」；在音樂產業裡，我們也可以看到「專案經理兼音樂總監」；在遊戲產業中，也可以看到「CEO兼製作人」。以下，我們請在影視產業深耕多年的李欣蓉老師，以一家編制完整的影視製作公司為例，來介紹其組織與分工，組織圖如下：

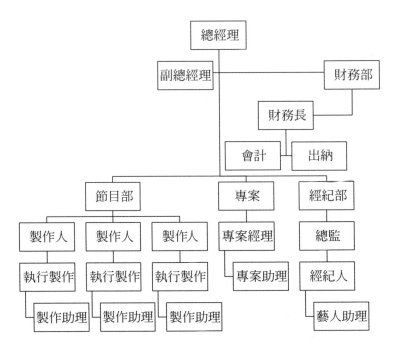

圖4　影視製作公司的組織

影視製作公司的總經理不僅是公司的領導人，往往也是企業的精神領

袖。台灣影視產業具有一定規模的製作公司，通常有一定知名度的老闆。每個老闆的創作手法都很獨特；從節目走向就可略猜出是哪家公司的作品，清晰可辨。

就人員編制來看，總經理（或副總經理）即是公司的「門神」。除精神象徵之外，也是公司主要的業務窗口。同時負責招攬業務（如：承辦各式晚會、頒獎典禮、演唱會；或依據平台之需要提供節目製作等）；也代表公司向外提案（如：以內部節目企劃向外尋求平台合作）。一旦合作確定簽約，便交辦各部門執行後結案。

財務部總管一切跟「錢」有關的業務。小至公司內燈泡，大至公司購樓置產都屬於其業務範圍。平時負責營運資金的管理，包括公司運作所需的零用金、製作費、外包後製特效支出等；員工薪資紅利、乃至於員工旅遊等附加福利……都須向財務部門申辦。

節目部是影視產業的主要執行部門，負責節目從無到有的整個製作過程。有時影視公司經理人會掛名「製作人」（producer），以示對節目的重視，也有吸引觀眾收視的效果。「執行製作」（executive producer）則是實際負責節目籌劃運作的要角。「製作助理」（assistant producer）往往受過多面向的工作訓練（多工），負責諸如企劃、通告、後製、剪接……甚至於訂便當等等業務。

各節目部內的各製作專案組織以個別節目名稱命名，如「歡樂對對碰」組、「台灣南波萬」組。雖然工作的地點和內容分屬不同節目（或電視台），但多有相互支援的默契。尤其近年台灣影視產業環境並不穩定，加上收視率影響，節目壽命無法預期，「不確定性」很高，製作助理流動性較大。但若能在同一崗位上堅持得夠久，就可獲得充實的基礎訓練，進而往執行製作人、製作人或其他各領域專業邁進。

專案部門是依專案需求形成的臨時性團隊。比如一年一度的頒獎典禮、或沒有一定規律企業合作案。以頒獎典禮來說，專案經理即是該典禮的主要

製作人，從典禮的幕前到幕後、紅毯到收工……無役不與。整個專案部門會在短時間內抽調公司內部成員組成，從企劃開始到結案檢討會完即解散，回到各自部門。惟典禮當天，全公司工作人員無論屬專案與否，都會前往支援。

（本專題感謝李欣蓉老師提供資料）

 **重點回顧**

- 企業經營活動的核心本質：承受風險，試圖獲取利潤。
- 獨資及合夥：業主本身就是企業，獨享全部的利潤，也承擔債務的無限清償責任。
- 有限公司：股東只負有限清償責任，以出資額為限。
- 文創產業內有非常多獨資企業，例如創作者、演藝人員、藝術家……。企業價值來源是個人的才能與天賦，無法分享，也無法移轉。
- 公司的擁有者是股東。股東擁有公司的最高決策權，透過一年一度的「股東常會」或「臨時會」，以股份數「一股一票」表決公司重大事項。
- 公司總發行股數（即票數）為V，共需選出N席董事。那麼確保當選董事就需要V/(N + 1) + 1票。
- 董事長會任命總經理，來總管公司的日常營運，在國外常被稱為CEO。
- 老闆歸老闆，員工歸員工。可以有效課責，提升經營績效。
- 「代理問題」：股東是公司的老闆，但卻把公司的業務委託給經理人。委託人和代理人之間因為目標不一致，而產生利益衝突。
- 代理問題的成因是「誘因不相容」：委託人和代理人之間，利益不一致導致動機不一致，於是代理人會違反委託人的託付，做出違反委託人利益的

行為。

- 解決代理問題有兩類方法：第一類利用「監督」，委託人監督代理人的行為，不符自己利益時予以糾正。第二類設計「誘因相容」的機制，讓代理人和委託人的利益一致，目標就會一致，行為就不會脫軌。
- 請熟悉企業與金融市場間的現金流向。
- 經營公司時特別用心對待「其他利害關係人」。該付錢解決就要付錢解決，可以避免很多麻煩。
- 文創活動要儘量自給自足，不要輕易向商家募款、拉贊助。
- 文創產業的組織型態經常是雙軌式：行政管理的科層式組織加上內容製作的專案式組織。

1. 選一位你最喜歡的藝人（或藝術家），介紹他／她所屬的經紀公司（人）。
2. 檢視你的日常生活周遭的人事物，是否曾遭遇過代理問題？有什麼方法可以解決？
3. 把書闔上，在紙上畫出公司與金融市場間的現金流向圖。

第5章　企業的生命週期

物有本末，事有始終，知所先後，則近道矣！

——《大學》

　　在本章中，我們將以一家虛擬的文創產業「開心文創公司」來作例子，分析其財務報表（主要是資產負債表）的變化，來審視企業的生命週期：從創業到結束營業。請注意：有時報表未遵循正式的會計準則GAPP來編製，以便表現出各式經營活動的本質。同時，也會呈現創業實務上會遇到的問題，並提供具體解決方案。

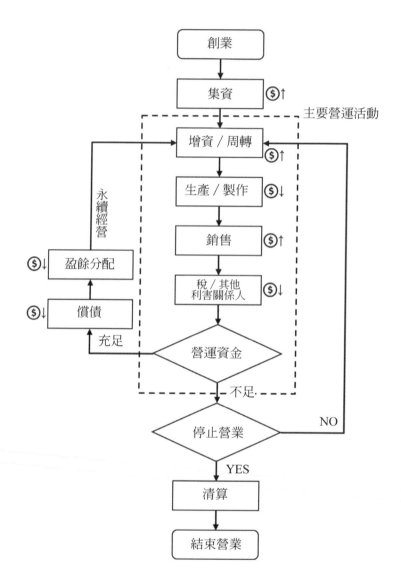

圖5　企業生命週期

在圖5中，$＄↑$代表現金增加的活動；$＄↓$代表現金減少的活動。企業開始於「創業」階段──創始人「集資」，募集現金成立公司$＄↑$。

然後進入公司的「主要營運活動」階段（以虛線框表示）。如果有需要，就透過「增資」或「周轉」來籌措更多的現金，充實營運資金$＄↑$。進入「生產／製作」的階段，會消耗現金來生產產品或提供服務$＄↓$。「銷售」以後，就會得到更多的現金$＄↑$。然後「支付稅務及其他利害關係人」又消耗掉現金$＄↓$。

走完營業循環後，檢視營運資金是否充足？如果充足，優先「償債」，消耗現金$＄↓$。然後進行「盈餘分配」，將獲利回饋給股東$＄↓$。進入永續經營的循環。

如果營運資金不足，就要進行是否「停止營業」的抉擇。若還要繼續經營，就要回到「增資／周轉」的階段$＄↑$，重啟營業循環。如果決定停止營業，就「清算」後結束營業。

在各個階段都要檢查資產負債表（會計）恆等式：

$$資產Asset = 負債\ Debt + 業主權益\ Equity$$

資產負債表要保持「平衡」。也就是，左側的資產總和，一定要等於右側的負債＋業主權益。

第一節　創業

要創立一家公司，過程通常是這樣的，且讓我們以在台灣創業為例來說明：

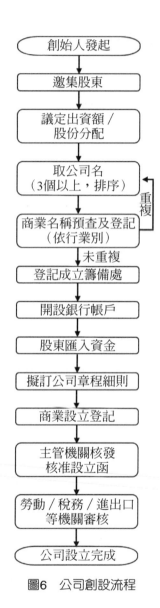

圖6　公司創設流程

(1) 有一個（或幾個）創始人（founder），想到有一門生意可以作，發起創業。

(2) 邀集股東。通常都是從親朋好友開始，依規定這階段還不能公開募資。

(3) 議定出資額及股份分配。詳細做法請見後面章節。

(4) 幫新公司取名：要取三個以上，依序排列，以免與他人重複。公司名稱以好聽好記又響亮為佳。有人信算命占卜，那就去算算筆劃吧！

(5) 公司名稱預查：上網查詢想用的公司名稱。在類似的業別中，是否已經有人註冊使用？如果沒有，那就可以進行下一步；如果重複，依序往下查，或者回頭再找股東們商議名稱，直到不重複為止。

(6) （登記）成立公司籌備處：有的國家不須登記，所以加括號。

(7) 開設銀行帳號：以公司籌備處（或股東聯名）開設銀行帳號。

(8) 股東匯入資金：股東依原議定股份及出資額匯入資金。要記住，**口說無憑，把錢匯進帳戶才算數**。如有特殊情況，應先請教會計師。

(9) 議定公司章程（charter）：在網路上可以找到範本，由股東商議研修即可。

(10) 商業設立登記：將申請表、帳戶資料、公司章程……相關文件，送往主管機關（詳細請見網站[1]）。

(11) 主管機關核發「核准登記函」：以往只要通過主管機關（經濟部、直轄市政府）審核，就會發一張類似獎狀的公司登記執照。現在只有一張核准函文。

(12) 勞動、稅務、進出口、境外投資……相關審核。（依公司性質而異）

---

1 台灣為經濟部商業司「全國商工行政服務入口網」http://gcis.nat.gov.tw/

(13) 公司設立完成。

　　現在各國都在鼓勵創新創業，登記公司的手續變得相當簡便，只要上網填資料就能處理，頂多費時數天。（大陸甚至號稱一早上就能完成。）

　　在創業之前，公司一無所有，資產、負債、股東權益都是0

表3　資產負債表：創業之前

開心文創公司		
2016資產負債表		單位：百萬M
資產	負債＋股東權益	
資產　　　　　　　　　　0	負債　　　　　　　　　0	
	股東權益　　　　　　　0	

第二節　集資

　　「開心文創有限公司」是由施曼妮發起創立，打算經營影視製作和周邊商品的販售。她找了另外六位親友一起籌資10M，總共發行普通股1M股，每股10元。原始股東出資（持股）比例如下：施曼妮5M（50%）、施達樂2M（20%）、李星榮1M（10%）、姚秀朱1M（10%）、陳念0.5M（5%）、陳祖0.5M（5%）。

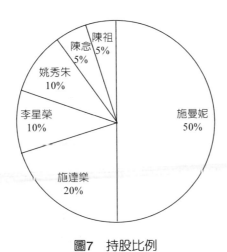

圖7　持股比例

公司登記完成後，資產負債表看起來如下：

表4　資產負債表：公司登記

開心文創公司			
2016資產負債表		單位：百萬M	
資產		負債＋股東權益	
資產	0	負債	0
		股東權益	
		施曼妮　　　　5M　(50%)	
		施達樂　　　　2M　(20%)	
		李星榮　　　　1M　(10%)	
		姚秀朱　　　　1M　(10%)	
		陳念　　　　0.5M　(0.5%)	
		陳祖　　　　0.5M　(0.5%)	
		權益合計　　10M　(100%)	
資產總和	10M	負債＋股東權益　10M　(100%)	

六名股東共同召開第一次股東大會，選出董事三人：施曼妮（得票500K股）、施達樂（得票200K股）、李星榮（得票200K股，陳念和陳祖將票投給李星榮）。

三名董事選舉董事長，施曼妮得到施達樂支持，以兩票多數當選。

接下來，董事長施曼妮任命自己為總經理CEO，負責公司所有營運事項。

🕮 貸款

為了充實營運資金，可以考慮使用財務槓桿，增加一些貸款。

為了拍攝新電影，施曼妮申請了青年創業貸款，為數5M，年息10%。這筆款項，會出現在資產負債表的左欄現金項目，也會出現在右欄的負債項目。

表5　資產負債表：舉債

開心文創公司			
2016資產負債表			單位：百萬M
資產		負債＋股東權益	
現金　　10M＋5M（貸款）＝　　15M		負債　　　　　　　　　5M 股東權益	
資產總和　　　　　　　　　15M		負債＋股東權益　　　　15M	

🕮 建立資產

為了開拍電影，施曼妮開始買進各種器材，如攝影機、燈組、收音設備、電腦……，這些是有形的固定資產，總共花了2M。也買了一些無形的固定資產，如：音樂版權、圖庫……，總共花了2M。現金只剩下15M－2M－2M＝11M。

表6　資產負債表：建立資產

開心文創公司			
2016資產負債表			單位：百萬M
資產		負債＋股東權益	
現金　　15M－2M－2M＝　11M		負債	5M
有形固定資產　　2M		股東權益	10M
無形固定資產　　2M			
資產總和　　15M		負債＋股東權益	15M

折舊

　　器材設備之類的有形資產有使用年限，會隨著時間老化、損壞。因此，每年都必須在報表上提列「折舊」費用，通常是採取「直線折舊法」——比如使用年限是五年，就要每年減損1/5的價值。在本例中，就相當於每年減少2M * 1/5 = 0.4M，次年的資產負債表就會開始認列。

表7　資產負債表：折舊

開心文創公司			
2017資產負債表			單位：百萬M
資產		負債＋股東權益	
現金　　11M		負債	5M
有形固定資產　　2M		股東權益	10M－0.4M
折舊　　－0.4M			
無形固定資產　　2M			
資產總和　　14.6M		負債＋股東權益	14.6M

文創產業中比較特殊的是，資產若是智慧財產（IP），其價值並不一定會減損（甚至還會增加），如本例中的音樂、圖庫……。然而，會計人員可能仍會要求在報表上提列折舊費用。於是產生一種有趣的現象：東西明明還能用，但在報表上卻沒價值了。資產價值明明沒變少，報表上卻變少了；也就是說，實際權益往往比報表上更高。

第三節　生產製作

 成本

　　企業的營運活動會消耗掉現金，稱之為成本。可以分為兩種類型：第一類是「資本門」，意指投資資本設備，大都是一次性的支出。這類的成本會轉變成資產，未來會進一步產生現金流量。

　　第二類成本常被稱為「經常門」，意指需要經常性支出的成本。比如水電、瓦斯、維修等「損耗」（overhead）以及人事費用。

　　從公司經營的角度看，損耗性的費用支出，用掉就真的沒了，資產項中完全看不到留下的痕跡。就本例而言，第一年的損耗0.5M，必須從現金項中扣除，不會變成資產。

　　文創業價值來源往往來自智慧財產，而智慧財產來自於「人」。聘請人員就需要耗掉人事成本，而且通常必須支付現金，算是成本壓力最重的一環。吉卜力工作室的鈴木敏夫製作人就曾說「人工費占總成本九成以上……只能硬著頭皮去做。」[2]發薪日一到，員工興高采烈吃大餐，老闆胃食道逆流。

　　在本例中，開心文創開拍創業作《八代宗師》，需聘請演員、導演、編

2　《吉卜力的風》，p.108。

劇……人事費用需要花掉3M。這一筆現金支出就是消耗掉了，不會變為資產。相應的股東權益也會減少。

另外，還要購買製作周邊商品用的原料，如塑料、木料、顏料……，總共花掉0.5M。這一筆支出，會轉變成資產。股東權益不會變動。

此時的資產負債表看起來如下：

表8　資產負債表，成本

開心文創公司	
2016資產負債表	單位：百萬M
資產	負債＋股東權益
現金　11M－3M（人事費用）－0.5M（損耗）－0.5M（原料）＝7M	負債　　　　　　　　5M
原料　　　　　　　　　　　　　　　　　　0.5M	股東權益　　　　　6.5M
有形固定資產　　　　　　　　　　　　　　　2M	
無形固定資產　　　　　　　　　　　　　　　2M	
資產總和　　　　　　　　　　　　　　　11.5M	負債＋股東權益　11.5M

你應該可以發現，在投資階段，現金快速地減少，導致股東權益也快速的減少。

存貨

企業營運活動的本質就是將「資產轉變為存貨」。分為兩類：第一類是將有形的原料變成存貨，在本例中，當初購買的塑料、木料、顏料等，經過設計師的巧手，變成了公仔、馬克杯等電影周邊商品。資產項的價值不變，股東權益也不變。

表9　資產負債表：存貨

開心文創公司			
2016資產負債表		單位：百萬M	
資產		負債＋股東權益	
現金	7M	負債	5M
存貨	0.5M	股東權益	6.5M
有形固定資產	2M		
無形固定資產	2M		
資產總和	11.5M	負債＋股東權益	11.5M

第二類比較有趣，**存貨完全是智慧產出，幾乎不會耗掉有形資產**——這在文化創意產業中特別常見。比如在本例中，當《八代宗師》的電影拍好，資產項目並未耗掉任何原料。無中生有，文創真的有夠棒。

但，《八代宗師》應該算是公司的存貨吧？要怎麼編列進去資產負債表？

很抱歉，由於相關法令的落後（改進也遙遙無期），會計師應該沒辦法把這類智慧財產的價值編入正式的報表中。

問題出在：創作者一定認為自己作品的價值很高，而市場卻不見得。連鈴木敏夫都曾經說：「吉卜力的片子嘛，不知道哪天就不賣座了，這就是現實。」[3]在本例中，施曼妮可能會認為《八代宗師》有100M的價值，但是，上映卻有可能票房慘淡，回收不了現金。那在報表上要怎麼呈現呢？

3　《吉卜力的風》，p.136。

表10　資產負債表：無形資產鑑價的困難

開心文創公司			
2016資產負債表			單位：百萬M
資產		負債＋股東權益	
現金	2M	負債	5M
存貨	0.5M＋100M（電影）	股東權益	111.5M
有形固定資產	2M		
無形固定資產	2M		
資產總和	111.5M	負債＋股東權益	111.5M

　　這也是目前文創發展所面臨的重大課題：「智慧財產鑑價」，進而造成投融資的困難，限制了未來的發展。非常需要有識之士共同努力解決啊！

第四節　銷貨

　　這階段的經營任務是把存貨賣出去，轉成實質的現金收回來。分作兩種情況討論：

　　第一類先討論「實體產品」，如本例中的影視周邊商品如公仔、馬克杯等。這類產品每銷售出去一件，倉庫裡的存貨就少一件。因此，銷貨會使存貨價值下降，而現金（或應收帳款）增加。賣出了價值0.5M的存貨的話，就會得到0.5M的現金，而股東權益並沒有增減。

表11 資產負債表：銷出有形存貨

開心文創公司			
2016資產負債表			單位：百萬M
資產		負債＋股東權益	
現金	7M＋0.5M＝7.5M	負債	5M
存貨	0.5M－0.5M＝0	股東權益	6.5M
有形固定資產	2M		
無形固定資產	2M		
資產總和	11.5M	負債＋股東權益	11.5M

　　第二類是銷出「無形產品」，如電影、音樂、遊戲、設計圖……。這類產品無論賣出去多少，都不會減損存貨價值（或減損很少、甚至有增加）。以本例的電影《八代宗師》而言，票房現金收入100M，完全沒有存貨的減損（因為，當初就沒計入報表嘛）。相當於「憑空」增加了一筆現金，也會相對應的反映到股東權益上。

表12 資產負債表：銷出無形存貨

開心文創公司			
2016資產負債表			單位：百萬M
資產		負債＋股東權益	
現金	7.5M＋100M（電影票房）＝107.5M	負債	5M
有形固定資產	2M	股東權益	106.5M
無形固定資產	2M		
資產總和	111.5M	負債＋股東權益	111.5M

　　無中生有──這才是文化創意產業真正的力量！

那有人會問，假使銷貨收入不佳，電影票房慘淡怎麼辦？

當然，當初投入的成本是「打水漂」了，但此刻也不會造成報表上現金和股東權益的減損。也就是說，雖然在文化創意產業中，永遠有市場不確定的因素存在，但是只要你做好了成本控制，企業也不至於傷筋斷骨啦。

我經常勸告同學，**做這行要緊的是控制支出**，把未來的收入當作0。萬一賭贏了，收入「從天上掉下來」，豈不是很愉快？萬一賭輸了，本來就有心理準備，從頭再來就好了——永遠要開心玩文創，

第五節　稅及支付其他利害關係人

各式的稅和支付其他利害關係人的款項只會帶來現金減少的效果，同時，也相應減少股東權益。

這也很容易造成代理問題。比如有些老闆、經理人很喜歡用公司的錢捐款，搏得自己的美名。但其捐出去的每一分錢，都是股東的錢（權益）。慷他人之慨，何樂而不為？

一年過後，開心文創一共付出10M的稅。另外，CEO施曼妮為了獎掖後進，捐款0.5M到「國片提振基金」。

表13　資產負債表：稅及其他利害關係人

開心文創公司	
2016資產負債表	單位：百萬M
資產	負債＋股東權益
現金　　107.5M－10M（稅）－0.5M（捐款）＝97M	負債　　　　　　　　　　　5M
有形固定資產　　　　　　　　　　　　　　2M	股東權益　　　　　　　　　96M
無形固定資產　　　　　　　　　　　　　　2M	
資產總和　　　　　　　　　　　　　　　101M	負債＋股東權益　　　　　101M

第六節　償債

　　公司債務和利息必須依原訂契約按時清償，否則就會陷入法律上的麻煩。如果公司有賺錢，也可以提早清償債務，減少日後的利息負擔。

　　在本例中，必須先支付第一年的貸款利息 5M * 10% = 0.5M。

　　電影大賣，公司擁有充足的現金，施曼妮小姐決定先還掉3M的債務（有時提前清償會罰款）。資產負債表上的現金項與負債同步減少。

表14　資產負債表：償債

開心文創公司	
2016資產負債表	單位：百萬M
資產	負債＋股東權益
現金　　　97M－0.5M（利息）－3M（償債）＝93.5M	負債　　5M－3M＝2M
有形固定資產　　　　　　　　　　　　　　　2M	股東權益　　　　　　95.5M
無形固定資產　　　　　　　　　　　　　　　2M	
資產總和　　　　　　　　　　　　　　　　97.5M	負債＋股東權益 97.5M

第七節　盈餘分配

　　創業圈有句格言：Go big, or go home!

　　意思是要創業，就要想辦法擴大經營規模；不然不如不做。

　　為什麼呢？還記得前面章節談過的成長率g嗎？如果沒有成長，什麼樣的成功最終都要被r所侵蝕，終歸幻滅。所以，沒有道理不追求成長，苟安於今日的成就。

　　而成長需要資金動能。公司一旦有盈餘，經營者應該想到保留下一階

段需要的營運資金；然後保留部分的盈餘，作為資本公積，進行再投資；最後，把盈餘分給股東，回饋他們對公司營運的支持。

在股東大會上，CEO施曼妮提出了明年的營運計畫，建議保留50M現金作為明年營運所需。另外，資本公積23.5M準備投資籌拍《八代宗師》續集《九代宗師》。剩餘的現金20M則以現金股利發放。這一計畫獲得股東們的支持通過。

20M的股利則需按股東的持股比例發放，施曼妮10M（50%）、施達榮4M（20%）、李星榮2M（10%）、姚秀朱2M（10%）、陳念1M（5%）、陳祖1M（5%）。

這是相當於一年之內翻倍的投資報酬率（r = 100%），股東們領到股利都很開心──作文創真開心。

表15　資產負債表：盈餘分配

開心文創公司	
2016資產負債表	單位：百萬M
資產	負債 + 股東權益
現金　　　50M + 23.5M（資本公積）= 73.5M	負債　　　　　　　　　　　2M
有形固定資產　　　　　　　　　　　2M	股東權益　　　　　　　　　52M
無形固定資產　　　　　　　　　　　2M	資本公積　　　　　　　　23.5M
	（現金股利93.5M − 50M − 23.5M = 20M已發放）
	公益總和　　　　　　　　75.5M
資產總和　　　　　　　　　　　77.5M	負債 + 股東權益　　　　77.5M

第八節　增資

「增資」就是「增加資本」，無論是要維持營運或是擴大經營，都可以考慮增資。有兩種情況：一是由原股東再投入資金；二是邀集新股東來投入資金。當然，錢上面又沒寫名字，也可以由新舊股東共同來增資。但是由於增資可能會稀釋股權，必須經過原股東同意才行。

在本例中，開心文創公司一公布要拍《九代宗師》，馬上引起了國際製片公司「時代華麗」的注意，提議要參與投資，一起拍出能和好萊塢媲美的電影。股東大會決議增資200M。（實際操作方式有許多可能，詳見後續章節）

表16　資產負債表：增資

開心文創公司			
2016資產負債表			單位：百萬M
資產		負債＋股東權益	
現金	73.5M＋200M＝273.5M	負債	2M
有形固定資產	2M	股東權益　73.5M＋200M＝275.5M	
無形固定資產	2M		
資產總和	277.5M	負債＋股東權益	277.5M

要注意的是，資本規模到達一定程度（依各國規定不同），就需要辦理「公開發行」（IPO, Initial Public Offering）。增資的程序將受到金融監管，變得複雜許多。

第九節　周轉

誠如廣告所言：「投資一定有賺有賠。」做生意沒有包贏的，有時就是會產生虧損，導致營運資金缺乏，進一步引發財務危機。除了增資以外，經營者還可以想辦法去「周轉」借錢。借錢會增加債務，現金也會增加。

借錢需要擔保。還記得嗎？前面提到大部分的文創業者，主要資產都是無形的，很難提供擔保，造成融資的困難。

假設《八代宗師》票房奇慘只有2M，開心公司馬上面臨財務危機，無法維持明年的營運。CEO施曼妮發現剩下的資產只有4M，而這部賠錢的電影，本質上只是一個數位檔案，根本沒法拿來抵押借錢。以往國片導演就是陷入類似的困境，想拍電影還得拿自己的房子去抵押借錢。萬一賭輸了，傾家蕩產。

在本例中，開心文創只能尋求更高利息的資金來源，比如向地下錢莊再借20M（r = 20%）。

表17　資產負債表：周轉

開心文創公司			
2016資產負債表		單位：百萬M	
資產		負債 + 股東權益	
現金	9.5M + 20M = 29.5M	負債　　5M + 20M（地下錢莊）= 25M	
有形固定資產	2M	股東權益	8.5M
無形固定資產	2M		
資產總和	33.5M	負債 + 股東權益	33.5M

第十節　結束營業

若持續長久虧損，公司就要考慮結束營業。

結束營業的財務程序叫做「清算」──將資產全部變為現金。白話說就是「跳樓大拍賣」──流動性高的資產變現容易，殘餘價值會比較高；流動性低的資產變現困難，殘餘價值會比較低。

在本例中，假設開心文創營運沒有起色，現金很快就會見底。由於資產負債表必須保持平衡，權益項根本是負值。

表18　資產負債表：結束營業

開心文創公司			
2016資產負債表		單位：百萬M	
資產		負債＋股東權益	
現金	0M	負債	25M
有形固定資產	2M	股東權益	-21M
無形固定資產	2M		
資產總和	4M	負債＋股東權益	4M

文創業大部分的智慧資產沒法變現（如電影），價值為0。其他所有資產變現，只得到2M的現金（資產價值因流動性而減損）。依法必須優先償還債務，結果遠遠不夠25M。

怎麼辦呢？「理論上」這是家「有限責任」的公司，股東可以雙手一攤走人，不需要負進一步的清償責任。也就是說，債權人只好認賠。（請注意，在台灣，公司負責人有「連帶清償責任」，也就是要賠身家賠到死。）

但無論如何，股東是沒有「剩餘價值」可以分配了──可謂傷心文創。

【專題】開一家文創咖啡店：阿金咖啡

李安導演曾說：「每個人心中都有一座斷背山。」而每個文創人心中，都有一座咖啡店！（就連本書主編也不例外。）因此，特別企劃本專題，為大家邀請到漫畫家張重金（阿金）老師和手工藝家黃靜儀老師，兩位夫妻檔一起來為大家分享開一家「文創咖啡店」的經驗：

從開業到結業——歷經完整的企業生命週期。

背景緣由

這家咖啡店名為「阿金咖啡」，座落於屏東市的太平洋百貨公司六樓。屏東市是人口數大約18萬的小型城市，與最近的大型都會高雄，隔著一條高屏溪，車程約30分鐘。阿金咖啡營業當時，屏東市內只有一家大型百貨公司，就是太平洋百貨公司。該公司共有七樓，民生百貨美食街一應俱全，頂樓是文藝人士出沒的誠品書局。阿金咖啡所在的六樓以家電、家具銷售為主，只有一家飲食類的商家。從店內落地窗眺望出去，就是萬坪綠蔭屏東公園，視野遼闊、環境優雅。

2000年，與阿金老師熟識的太平洋百貨店長偶然說起，原來在六樓營業的「阿布咖啡店」（化名）打算不開了，正在找人接手經營。

當時阿金老師和太太黃靜儀老師主要收入來自自家經營的畫室。每天晚上都有各式繪畫及手工藝班，學生以兒童、青少年為主，收入超過100K/月。但是兩夫妻觀察到近年受少子化影響，學生數有減少、老化的趨勢；正好想轉型、嘗試看看發展新事業。於是，曾經在百貨公司擔任美術工作的阿金老師，取得阿布咖啡的營業資料，稍微研究了一下。

阿布咖啡的老闆是台中人，開業五年從未過問店內事務，交給一位中年婦女「芳嫂」（化名）全權處理。每月月底，再由芳嫂結算匯款。店內除了負責煮食的芳嫂，另外還有三位時薪制工讀生，負責內外場工作。帳冊顯

示，阿布咖啡每月營業額200K-300K，若有特殊活動，可達370K。

事業計畫

阿金老師盤算：自己在屏東藝文圈有知名度；勤於參加社團，人脈很廣；再加上歷年教過的學生……客源不虞缺乏；又曾在百貨公司辦過藝文活動，熟悉在地環境。人家阿布咖啡老闆是外地人又從來不管，都能經營這麼久，代表「**收入 > 支出**」（永續經營第一條件）。若是自己來經營，豈有比阿布咖啡差的道理？而且，阿布咖啡盤讓只要100K，就能接收所有生財器具及設備。看起來相當划算。

於是，阿金老師計畫開一家文創咖啡店，就用自己的藝名「阿金」以延伸知名度。店內除了咖啡飲食，還附帶銷售自家創作的文創商品（畫、手作、公仔、熱轉印馬克杯……）。後期為了產品多樣化，還販售他人的作品。再舉辦些藝文活動和會議，來增加收入 —— 並寫了簡單的企劃書（BP）。

固定資本支出

整個籌備期間約兩個月，然後「阿金咖啡」就在2000/9/1開業了。店內場域約20坪，八張桌子加一會議室一廚房，整間店可容納約40人。採用類PUB的設計，強調顏色，以紫色、橙色為主。燈光以乳黃色為主，因為光線打在紫色上頭可營造成藍色的視覺。木工及燈具皆重新設計，惟桌椅沒換，重建吧台、重鋪地板，並設有一展示用的玻璃櫥櫃。裝潢部分總共花費約170K。加上付出盤讓的權利金100K，總共花費270K，全部由阿金老師夫婦的個人存款支應。未借貸，也未接受他人入股投資。

支出與變動成本

阿金咖啡向縣政府申請設立登記，有營業執照，並開發票繳交營業稅，

算是獨資小企業。收銀機所有營收都與百貨公司會計部門連線，以便百貨公司抽佣22%，代替店面租金。

占營運成本最重的部分是人事費用，每月約95K。芳嫂留下負責廚房，領固定月薪25K；另外還有時薪工讀生，內場1人，外場3人（假日4人）：每小時80元、每天7小時。全年輪班（僅休一天除夕），包括供餐與保險，每月總支70K。阿金老師夫婦是老闆，不支薪。無額外教育訓練及福利支出。損耗部分：水電固定8K（以坪數分攤），瓦斯3K，專用餐具用品3K，廣告費1K，信用卡手續費1K。

進貨成本主要來自餐飲原料：初期向固定的四、五家菜商進貨，他們會主動每天早上送魚肉蔬菜來，月底統一結帳；後期則發現採購成本偏高，自行到傳統市場採買。咖啡原料反而很省，一大包才100多元（每磅百餘元），可以泡上好多天，每月支出不到5K。另外，餐點用的料理包向食品原料行購買，單包40-50元（以近200賣出）。以上餐飲原料總共每月約130K。

行銷費用部分：平時將廣告刊登於百貨公司DM，每月1K-2K。如需獨立製作廣告，每次5K左右。另外，百貨公司週年慶時，會要求贊助15K廣告費。而且，還要求優惠折扣，成為隱形的折讓成本。

收入

百貨公司最大的好處是「集客力」。與一般在街邊開咖啡店只能被動倚賴零星散客相比，在百貨公司開店，就有基本的逛街人潮。但缺點在於：來客大都不是「目的性消費」。他們只是逛街累了、肚子餓了，看這地方蠻清靜幽雅，坐下來休息、隨便點東西吃；不是因為餐點咖啡好吃才來的。另外還有櫃哥櫃姐及百貨公司熟客，也會固定前來消費（有優惠）。因場所較隱密，百貨公司主管也會利用包廂進行小型會議。

收入八成以上都是來自餐飲。菜單含四、五樣小火鍋及套餐，六、七種咖啡及十幾種飲品。熱門菜色是小火鍋及消脂茶——小火鍋受到屏東人的熱

烈歡迎，原因不詳。（屏東眷村文化園區，大部分店家也都主打小火鍋。）消脂茶是從朋友處進貨，再自行重新設計包裝販售。成本低於50元，售價則約150元至200元，利潤很高。

提供經驗法則：這一類產品，售價要是成本的2.5倍以上，才能獲利。

咖啡的收入聊備一格，每天能賣出個位數杯就不錯了。原本寄予厚望的文創商品銷售，每月僅約1K-2K。

平日每日營收約7K-8K，假日10K以上；遇到特別活動更多。每月營業額約200K-300K。最高曾做到370K/月。

日常營運

每日日常作業流程SOP大致為：10：00上班開會（百貨公司教育訓練）→打掃備料→11：00開門迎客→11：30-14：00午餐熱門時段→隨時有客人→16：30-19：00晚餐熱門時段→20：00停止出餐→21：00收攤結帳→22：00下班。

每天收銀機裡都有5K零用金，應付突發性的支出。每天晚上十點結帳，現金需交給百貨公司，確認拆分帳款。百貨公司這招很厲害：現金利息收入全歸百貨公司；營業周轉金要商家自籌。

營運上最主要的困難在於：計時人員以工讀生居多，很多私人問題要臨時請假。由於百貨公司是全年無休，不允許個別店家停止營業，否則要罰款。所以，只要一有人請假，就會造成人員調動的困難。原來在阿布咖啡擔任店長的芳嫂，也不願意再大小事務一肩扛，只管廚房。最後變成老闆要親自管理（打雜），進一步影響到個人健康和畫室生意。

原來理想很高要舉辦的藝文活動，也都有心無力了──「文創」名存實亡。

員工流動率高不穩定，且心態不如以往有責任感──是當今服務業普遍遭遇的問題。阿金咖啡甚至還遇到員工下班前「資源回收」，把店內沒吃完

的食材全打包帶回家，隔天就需重新採購。工讀生太過粗魯，也導致器具損壞率高……以上種種，均使成本暴增、難以估量。

結束營業

阿金咖啡每月有賺有賠，甚至到了第九個月，還創下最高營收和盈餘的佳績。公司也沒有做過增資與周轉，一切看起來也還好。為什麼要結束營業呢？

別忘了永續經營的第一原則：「收入 > 支出」。

先看支出部分（每月）：人事95K＋原料130K＋損耗16K＋行銷2K＋突發性支出5K ＝ 256K。

收入部分大約300K。

——其中百貨公司要拆分22%，也就是大約60K。一加進支出項目，馬上就變虧損了啊！（這些還沒算進5%營業稅喔！）每月結餘皆是負的。

還有老闆們最容易忽略的成本：你自己做牛做馬，難道都不算薪水？

——如果把阿金老師夫妻的月薪也加進去，這盤生意根本一開始就不成立啊！

再加上百貨公司諸般不通人情的經營限制如髒亂罰款、修繕限制、菜單審核、營業干涉、強迫贊助……在在令人疲於應付，心力交瘁。

2000年9月至2001年5月營業九個月後，結算虧損十幾萬。阿金老師夫婦笑道：「最後差點要離婚。」於是壯士斷腕，他們將阿金咖啡以200K盤讓給朋友，結束營業。

剩下的設備財產，無論是不是自己改裝的，全由百貨公司接收。僅阿金老師自製的一尊大型「阿金公仔」可帶走，當作創業的紀念品。

——阿金公仔現今仍放在阿金老師的研究室，陪他度過創作的分分秒秒。

（訪談稿由黃旭菁同學整理）

重點回顧

- 請熟悉企業生命週期的各個階段。
- 資產負債表要保持「平衡」：資產Asset = 負債 Debt + 業主權益 Equity。
- 企業的營運活動會消耗掉現金，稱之爲成本。分爲兩種類型：資本門、經常門。
- 資本門：意指投資資本設備，大都是一次性的支出。這類的成本會轉變成資產，未來會進一步產生現金流量。
- 經常門：意指需要經常性需要支出的成本。比如水電、瓦斯、維修等「損耗」（overhead）以及人事費用。
- 文創業價值來源往往來自智慧財產，而智慧財產來自於人。
- 企業營運活動的本質就是將「資產轉變爲存貨」。
- 存貨完全是智慧產出，幾乎不會耗掉有形資產——這在文化創意產業中特別常見。
- 做這行要緊的是控制支出，把未來的收入當作0。萬一賭贏了，收入從天上掉下來；萬一賭輸了，本來就有心理準備，從頭再來就好了。
- 有些老闆、經理人很喜歡用公司的錢捐款，慷他人之慨，造成代理問題。
- 「Go big, or go home!」要創業，就要想辦法擴大經營規模。

習題

1. 看完了「阿金咖啡」的案例，你還想開一家文創咖啡廳嗎？
2. 如果不會。你要怎麼給那些想開的同學建議？
3. 如果是你接手經營，你會怎麼作？
4. 或者，你想開一家完全不一樣的咖啡廳？怎麼作才不會遇到阿金咖啡遇到的困難？

第6章　創業投資

創業者光有激情和創新是不夠的。
它需要很好的體系、制度、團隊以及良好的盈利模式
　　　　　　　　　　　　　── 馬雲（阿里巴巴創辦人）

　　同學常常以為，企業家是「已經」創業成功的人；而創業家是「還未」成功建立企業的人。但是在英文中，企業家（entrepreneur）和創業家（entreprenuer）根本是同一個字。只是當初管理學門被引介到華文世界來之時，因為翻譯而產生語意的差異。無論創業家或企業家，都指的是「**冒險尋求利潤的人**」。

　　日常用語上，「創業」和「投資」也有所差異。好像創業專指「開創新事業」，提供產品和服務才算；而投資專指「投入資金來賺錢」。但是仔細推究，想提供產品或服務，必先得投入資金。從財務的角度看，任何營利事業的本質就是一個「投資項目」，大可把它當作一個黑盒子，不必管裡面怎麼運作（如何提供產品或服務），只要看錢進錢出就可以了。

　　冒險（venture）一詞，專指創業家冒的是財務上的風險──創業家投入資金，贏的話賺錢，輸的話賠錢。也可以說：**投資是創業，創業就是投資**。所以本章就叫做「創業投資」，把兩者當作一件事來談。

　　文創工作者常覺得投資人只講錢，卻不太想理解藝文工作的本質。反過來，投資人也常覺得文創工作者一直談藝術理想，卻始終談不到重點：錢。因此，兩方始終「雞同鴨講」，錯失了許多合作共創事業的機會。

怎麼改善這種彼此錯失的情況，促進彼此瞭解？我認為關鍵就在於瞭解「創業就是投資，投資就是創業。」的概念。從投資人的眼光看文創創業家，他關心的是文創價值創造的潛力，也就是一塊錢投進去，能生出多少錢的價值。而從文創創業家的眼光看投資人，他關心的是如何讓自己少冒點險、多一點資源，可以達成藝文事業的夢想。

創業投資有兩面性：

從投資人角度看創業家，應該把創業家看成是個拿自己身家、精力、青春投資到事業裡，生產出巨大的財務報酬的人，是自己的夥伴。

從創業家的角度看投資人，也應該看成是個拿錢投資在自己身上，拚未來巨大財務回報的人，是自己的夥伴。

如此一來，兩者都視對方為夥伴，關係才會和諧。和氣才能生財嘛！

另外，還有兩點很重要：

第一、既然創業就是投資，那麼，**創業之前一定要做好投資評估**（準則在第二章）。常看見文創業者有那種「先做了再說」的心態。自己迷上了什麼玩意，不顧一切就衝下去作，最後輸的血本無歸，還要抱怨政府不好、大環境不配合……。比如，你心中有個故事很棒想拍成電影，應該先冷靜下來，算一算投資報酬率、NPV、IRR。如果不行，比如r只有0.01%，那就別作了，把這一筆原來想拍電影的錢，拿去放在r更高的選項。比如買績優股，財務回報還更高。更美好的是，電影可以閒閒的拍、當作休閒興趣去拍，愛搞多久就搞多久，搞不成也無所謂，那不是很棒嗎？

第二、既然投資就是創業，那就要**拿出創業家精神，審慎積極的去從事、勇敢冒險**。絕不要想說，把錢投資出去就不用管了，翹腳拈鬍鬚，時候到了等著收錢──這種心態要不得。要把你投資的事業，當作自己在創業。好好的思考、管理、監督、呵護它，像父母養小孩一樣，養大了自然有豐厚的回報。

接下來，我們要講解創業投資的各個階段。讓創業家來瞭解創業投資人

（機構），也讓投資人瞭解創業家。

第一節　商業模式

　　企業家進行商業行為來創造財富的做法，通常被稱為「商業模式」（Business Model）。就長期的觀點來描述公司銷售的產品與對象、收入的來源、科技運用、夥伴關係以及成長的方式……企業主要的價值活動。因此，經營事業前最好先把商業模式搞清楚，對內可用來擘劃願景、凝聚共識、檢討可行性及經營績效；對外，可以讓投資人更願意參與投資，方便找錢；各種利害關係人也容易瞭解企業的本質，提供協助並減少經營的阻力。**簡單來說，商業模式就是「怎麼做生意」**。

　　為了幫助規劃商業模式，在此介紹一個好用的工具：Businessmodelgeneration[1]。它將商業模式拆解成九大模塊：

事業夥伴	主營業務	價值主張	客戶關係	目標客群
	關鍵資源		通路	
成本結構		營收來源		

圖8　商業模式

　　本圖上半部是用來描述企業價值鏈、以及供應鏈的上下游關係。而下半部是企業的金流，描述成本結構和營收來源。只要把事業構想逐條簡要填入表格，就可以得到Business Model。

1　資料來源：www.businessmodelgeneration.com

【範例28】商業模式

　　以下就以「文創手作商店」為例，描述商業模式如下：

事業夥伴	主營業務	價值主張	客戶關係	目標客群
• 手作達人、各式工藝師傅。 • 公部門文創補助單位。	• 提供各式手作商品，如：皮雕、編織手工包、手工皂等。 • 提供簡餐輕食，如義大利麵、香草火鍋等。 • 提供充滿文藝氣息的休憩環境。	• 滿足熱愛手作商品的文創愛好者。 • 解決手作商品通路缺乏的問題。 • 培養一般市民的文藝氣質，並以文創美化城市。	• 固定舉辦講座活動等，維持長期客戶關係。 • 與文創相關系所建立合作關係。 • 發行地方藝文刊物，凝聚社區意識。	• 文藝青年 • 退休人士 • 上班族女性 • 學生
	關鍵資源		**通路**	
	• 與公部門的合作關係 • 獨特的商品設計感		店面販售	
成本結構			**營收來源**	
• 材料成本占營收的25%、店面租金10% • 初期固定投資約50萬元 • 估計一年可回本			• 販售手作商品 • 販售餐飲 • 爭取公部門補助	

圖9　商業模式：以經營「文創手作商店」（創意生活產業）為例

　　從財務管理的角度看，關心的是商業模式的下半部。至於生產管理，市

場行銷、企業組織……等議題，請參考《開心玩文創》，相信可以得到不少的啓示。

企業的營業活動只有三種類型：

- 販售商品，換取客戶提供的現金流量。
- 提供服務，換取客戶提供的現金流量。
- 仲介代理，換取客戶（被仲介的雙方／其中之一／第三者）提供的現金流量。

無論哪一種類型，就是想辦法從客戶的口袋裡掏錢。而掏錢用的產品或服務，只不過是一個載體（carrier）、一種工具。甚至，整個企業的營運活動，身為企業家都可以把它當作一個黑盒子，只要關心金錢怎麼流進來，又如何流出去就行了。

【課堂練習14】文創設計旅店的Business Model

假設你想開一家時下最流行的「文創設計旅店」，請上網查詢資料，畫出 Business Model。

第二節　事業計畫

事業計畫書（Business Plan），一般都簡稱「BP」。是創業家需要面對的一門功課，也是必寫的作業。**事業計畫書就是關於「新事業的故事」**；也是為了溝通創業家與投資人，所使用的格式化文件。

可惜在文創業界，卻不流行寫BP。很多有志創業的藝文工作者，總想「憑著一股傻勁」來實現理想。最後必然的結局是失敗，理想變成白日夢的「夢想」。追根究柢，這是心態上的問題，孫子兵法有云：「多算勝，少算不勝。」前面說過，**錢很聰明，會自己跑到投資報酬率r最高的地方**，創業一定是在「市場上與他人競爭」。當別人是有計畫的前進，而你只憑一股傻

勁，你想想看，錢會跑到哪裡去？

因此可以從寫BP的意願與努力，看出一個人是否有成為創業家的潛質。業內常有一種「派對創業家」、「週末創業家」，只要人多的場合，就吹噓自己有多棒的創新想法，卻從來沒看到他動手做。最方便檢驗的方法，就是請他寫BP。因為如果連這麼簡單的事都不肯作，又如何期待他克服創業過程中的種種難關？

事業計畫書的目的對內是讓創業家自己檢視新事業的機會，並擬定出執行的細節，也是對商業模式的體檢報告；對外，則是要設法吸引各式各樣的「利害關係人」（如潛在投資人、優秀人才、供應商、通路、消費者……），讓他們覺得你的新事業「有潛力」、「值得投資」（包含建立合作關係、僱用投效、採購供應……）。

BP一般會包含以下項目：

(1) 計畫摘要（Executive summary）：分點摘述整本BP的重點，勿超過1頁。

(2) 產品或服務（Product or Service）：從滿足客戶需求的角度，敘述主要提供的產品和服務。

(3) 經營團隊（Management team）：創業家和經營團隊成員的簡歷。

(4) 市場與客戶（Market & Customer）：市場區隔和目標客戶描述，宜聚焦不宜籠統。

(5) 行銷計畫（Marketing）：4P行銷策略與具體計畫。

(6) 公司組織（Organization）：請參見第三章。

(7) 執行計畫（Implementation Schedule）：將主要工作事項列出來，然後畫甘特圖，至少規劃三年期。

(8) 機會與風險（Opportunities and Risks）：主要是作SWOT分析。

(9) 財務計畫（Financial planning）。

「錢不是萬能，沒錢萬萬不能。」這句話對創業公司而言，再適切不

過了。有了錢，就可以提供更好的待遇來招募人才；有了錢，就可以投入研發，提供更高品質的產品與服務；有了錢，就可以投資推動各項新事業……最起碼，有了錢，創業家不用提心吊膽趕三點半，奮力衝刺，實現理想。

但重點是，錢去哪裡找？怎麼找？要找多少？這就是財務計畫的內容，主要是估計出每一期的資金需求，以便向投資人說明。（其他項目的完整寫法，請參見《文創產業企劃實務》第14講）

資金需求

首先，要弄清楚公司資金的作用。

想像公司有很多錢，放在保險箱裡不使用，那不就只是一疊印刷很精緻的廢紙？鈔票不能吃。

錢是因使用才有價值，必須花掉才有價值。太多閒置資金，代表投資效率不好。重要觀念：**錢是拿來花的**。投資人會希望你拿到的錢都能以最好的方式，也就是投資報酬率最高的方式花掉。

另一方面，創業最主要的阻礙為資金不足。事業開始前，創業家沒籌到足夠的資金，所以不敢創業；事業開始以後，又沒有足夠的資金挹注，以至於周轉不靈，導致創業失敗。若只是花錢卻沒賺進更多的錢，那麼，再多的資金也會耗盡。業內稱之為「燒錢」。甚至還有計量單位「burn rate」（不用中文）專門用來衡量燒錢的速度，比如：10M/Month。在網路泡沫的年代，有些新創公司甚至比賽burn rate，拿來當作事業成長的指標。到最後，大都燃燒殆盡，關門大吉。

正本清源，資金拿來「周轉」用，不是拿來燒的。與其把錢比喻作燃燒的「火」，不如比喻成流動的「水」。企業的本質就是金錢的流動──創業家找了一些錢作為資本、作為觸媒、作為代價，以促成種種的經營活動。目標是使錢流進來成為收入，而流出去的錢就是成本。最終，要想辦法**讓流進來的比流出去的多，也就是「賺錢」**。

也就是說，資金需求是「剛剛好」就好，或許只多一點點拿來安心就好。

以這個標準，我們就可以「大約估計」創業的資金需求，可分為三個部分：

(1) 開辦成本：這是最初期的投入，包括購置固定資產（廠房、生財器具、智慧財產……）等資本支出，以及其他一些必要的一次性費用（申辦費用、簽約金等）。

(2) 經常性費用：包括薪資、貸款利息、損耗（水電、瓦斯、電信……）等每個月都必須現金支出的項目。尤其是在文創產業中，通常人力支出占最大一部分。請神容易送神難，一旦開始聘用人手，就代表資金會燃燒很長一段時間。所以，應該儘量節約用人成本。可以用專案發包的方式就儘量外包，比較容易控制burn rate。

損耗的部分就依實際會支用的情況去估。經驗法則是：**估人事費用的 0.5倍**。因為人會吃飯喝水，每用一個人，你就會多花半個人的錢。

(3) 突發性支出：公司經營難免會有突發性的資金需求。前面提過的「其他」利害關係人，你永遠不知道何時會殺出來。提列營運資金10%作為預備，是個不錯的主意。

掌握了資金需求的項目，就可以開始編製營運資金需求預估表。第一年度最好以月為單位，第二年度以後採季為單位，最少編三年。如下圖：

表19　營運資金需求預估表

營運資金需求預估表（單位：K）		2017													2018					2019	2020
科目		1月	2月	3月	4月	5月	6月	7月	8月	9月	10月	11月	12月	合計	第一季	第二季	第三季	第四季	合計		
經常門	人事費用	100	100	100	120	120	120	240	240	240	240	240	240	2100	1000	1200	1500	1500	5200	8000	12000
	損耗	50	50	50	60	60	60	120	120	120	120	120	120	1050	500	600	750	750	2600	4000	6000
	變動成本	50	50	50	50	50	50	50	50	50	50	50	50	600	300	300	300	300	1200	1000	1200
資本門	設備投資	1000	500	0	0	0	0	0	0	0	0	0	0	1500	0	0	0	0	0	2000	2000
	土地取得	0	0	0	0	0	0	0	0	0	0	0	0	0	0	0	0	0	0	10000	10000
支出合計		1200	700	200	230	230	230	410	410	410	410	410	410	5250	1800	2100	2550	2550	9000	25000	31200
	銷貨收入	0	0	0	10	20	30	40	50	60	70	80	100	460	1000	2000	3000	4000	10000	30000	60000
	資本利得	0	0	0	0	0	0	0	0	0	0	0	0	0	10	10	10	10	40	1000	2000
收入合計		0	0	0	10	20	30	40	50	60	70	80	100	460	1010	2010	3010	4010	10040	31000	62000
																			0		
營運資金（支出-收入）		1200	700	200	220	210	200	370	360	350	340	330	310	4790	790	90	-460	-1460	-1040	-6000	-30800

收入項目大致分為兩種：「銷貨收入」與「資本利得」（股息、債息、房租收入等），通常只有創業家自己能估計，請按照Business Model裡的假設去做。

要記住，這些項目都是對未來的「估計」，只能儘量準確。建議要「悲觀」：**支出估計從寬，收入估計從嚴**。

世間不如意事，十常八九。大多時候，事情發展都沒想像中樂觀。因此，要多估一些支出，少估一些收入比較好。甚至，創業初期，可以作「0收入假設」（zero-Income assumption），當作一毛錢都收不到吧！

【課堂練習15】編製營運資金預估表

請以前章專題中的「阿金咖啡」為例，編製資金需求預估表。

文中缺乏的數據，請自行假設評估。

第三節　資金來源

在創業階段投入資金以成為公司股東的行為，我們稱之為「創業投資」（venturing）。從英文字面上可知，這是一種「冒險」行為，因此，在大陸叫作「風險投資」（簡稱：風投）。

創業資金來源可由兩項因子決定：事業階段、募款對象。下圖是兩者之間的配適關係：

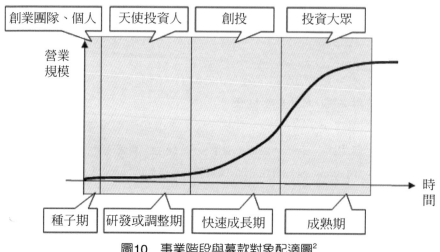

圖10　事業階段與募款對象配適圖[2]

　　高風險「可能」意味著高報酬，因此有一些愛冒險的有錢人會組織基金，專門投資創業公司。這一類的基金公司，有個專門的稱呼，叫作「創業投資公司」（Venture Capital），簡稱為「創投」（VC）。依照資本規模，從小到大可以分作：天使投資人（Angel）、創投公司、投資銀行（Investing Bank）等幾個等級。也有一些特別型態的基金在從事創業投資，比如國家主權基金、退休基金……。

　　VC創始於美國，投資階段分為Seed round（種子階段），Angel（天使階段），First round（第一輪），Second round（第二輪）……依序編號，然後就IPO（公開發行上市）。台灣VC大致也是這個分法，很少用中文名稱。

　　中國大陸近年在政策扶植下，風投也非常興盛。相對應於美式的投資階段，分別稱為「種子輪」、「天使輪」、「A輪」、「B輪」、「C輪」融資

2　引自《開心玩文創》，p.117。

等，然後就IPO。

　　一般而言，種子輪與天使輪的資金來源是個人，或者專注於創業前期投資的投資機構。A, B, C輪及以後的階段，大都是VC或者更大型的投資銀行。

第四節　種子輪

　　「種子階段」指從「創業念頭興起，建構商業模式」到「創業家專職（full time）投入事業」的階段。這時期創業家的任務很單純：發展企業的雛型（prototype）。因此幾乎沒有營業活動。也可以說是事業的籌備階段。

　　通常此時創業家都只有一個創意、一份簡陋的BP，甚至只有產品或服務的構想，不太可能從陌生人手上獲得投資。因此，自己的資金或者親友團的支持，成為最主要的資金來源。公司創始之初，第一次的集資，通常就稱為「種子基金」（seed fund）。規模通常小於十萬美金（10K-100K RMB）。

　　並非每個人都含著金湯匙出生，創業家不見得有個有錢的長輩。但是，環顧四周，一定有人含著金湯匙出生，但他自己沒本事創業的人。因此，我常奉勸在學的年輕人，千萬要珍惜、善待周遭的同學朋友、學長學姊………這些人往往是你日後事業的重大助力。

　　創業家也必須有個認識：種子階段你其實啥都沒有，只出一張嘴，人家就投資你，風險其實非常高。原因是這一群好朋友愛護你、欣賞你罷了，千萬別以為是你自己有多行。因此要隨時懷著感恩的心，愛惜每一分資源，別陷入代理問題，好好努力經營。成功時記得要給這一群天使最高的實質回饋（錢），那才是一個企業家應有的態度。

　　在種子階段，燒的是自己與親朋好友的錢，除非您是富二代、靠爸一族，否則再多的錢也禁不起無限度的揮霍。因此在財務上必須量入為出，以不影響正常生活為限。《孫子兵法》有云：「未慮勝先慮敗。」要先假設創業失敗，自己能否承擔；再去考慮怎麼創業成功。

一定要先評估一項投資的風險有多大？需要花多少資金？自己財力是否足夠支撐這樣的投資？如果失敗，投資人會不會傾家蕩產？如果即使投資有去無回，也還能承擔，才有資格從事創業投資。因為畢竟，生命和家人是最重要的。

第五節　天使輪

　　「天使」（Angel）一詞是創投業界的術語，專指「資產豐饒、並且也樂在新創事業投資的個人」[3]。簡單來說，就是喜歡投資創業家的有錢人。這些人往往是自己事業經營有成，瞭解新事業未來的不確定性，因此不會津津計較於財務報表上的數字或不成熟的書面計畫；另一方面也有可能單純是「錢太多」想尋求冒險、追求高報酬……理由不一而足，有如散發著神聖的光芒從天而降的天使，張開雙翼庇護著受苦受難的創業家。因此得名。

　　在台灣，創投所不願支持的新創企業，大都由這一類天使來接手。以前台灣有《促進產業升級條例》，明文規定投資某些產業可以「抵稅」──假設你今年本業賺了10M，只要把這筆錢投資到政策扶植產業的新創公司，就可以把這10M從你的收入中扣除再繳稅。也就是說，你投資新公司賺錢還可以抵稅，雙重優惠，所以在科技業內，天使到處亂飛。

　　由於在科技業上的成功，政府把這一招用到文創產業來。《文化創意產業發展法》第二十七條：「為促進文化創意產業創新，公司投資於文化創意研究與發展及人才培訓支出金額，得依有關稅法或其他法律規定減免稅捐。」就是類似的規定。不過近年政府財政吃緊，又怕被批圖利，成功適用的案例不多。

3　《認識創業投資》，p.40。

「天使輪」大致是指產品和服務的雛型已經成形，可以拿出去展示說明創業構想的階段。可說是新創企業「從平凡的灰姑娘變身為舞會皇后」最關鍵的一次投資。

這一輪的天使投資，有時被稱為「名片盒」輪（rolodex round），因為**天使通常來自創業家自己認識或輾轉透過親友介紹認識的富有人士**。名片盒的深度就像球隊的板凳球員深度，決定了天使輪的募資成敗，創業家的任務就是透過各種方法去接觸、認識天使們，並且讓天使能夠有機會來眷顧你的事業。

近年來，矽谷一帶的天使甚至組織成「天使團隊」，主動出擊尋找適合的創業團隊來投資，相當接近創投公司的型態。為了推動文創產業，台灣最近也開始推動創業論壇、育成中心……之類的定期／不定期活動，讓創業家有機會見到天使，這都可以嘗試。

創業家在這裡要有個重要概念：**錢不一樣大**！

聖經裡描述的天使有等級，投資創業家的天使也有等級。小天使只能給你錢，大天使除了錢，還能給你更重要的「資源」。

比如你想拍電影，從隔壁種田的土豪拿到10M，和從好萊塢大片商手上拿到10M，意思當然不一樣。好萊塢片商願意當你的天使的話，就能給你世界上最好的製片資源、連發行通路都有了。最起碼，你公司名片上能印上好萊塢片商的商標，出門談生意頓時虎虎生風，對嗎？

反過來說，天使也有壞的。有的天使會「外行裝內行」，硬要干涉公司的經營。他的股份又舉足輕重，那往往會得不償失。

天使輪投資是「求偶般互相選擇、互訂終身」的過程。如果可能的話，創業家應該慎選天使，就像天使慎選創業家一樣。普通的天使給你錢，好的天使帶你上天堂，壞的天使會讓你下地獄啊！

天使輪投資「慣例」是「一口50萬美金」，約合1,500萬台幣；最多就100萬美金，3,000萬台幣。這筆投資所占的股份大概安排在20%-40%之間。很

少超過這個金額，因為再高就屬於創投公司的守備範圍了；也很少小於這個金額，因為再少對有錢人來說，麻煩無趣。你可以想像過年打牌，小孩邀你玩5塊錢的賭注，你玩不玩？

　　一般而言，很少VC會參與這個階段的投資。因為現金流量表還沒有出現穩定的現金流入，也就無法估計未來的投資報酬率。特別是台式VC，玩法不太像美國的大VC，投資策略是「拿香跟拜」。大型企業如鴻海、台積電投資什麼，他們就跟著投資什麼，不太花腦筋。因此，新創公司不太需要去參加政府或業者辦的創投說明會、新創展覽、創投媒合……或者急著約創投報BP。往往都會白費力氣，又換回滿滿的挫折感。不值得。

📖 股權分配

　　創業初期的股權結構會深切又長遠的影響到公司日後的發展。因為股權代表公司的經營權，萬一股東意見不合，最終還是要開股東大會投票解決，到時是比持股數量，鬧得不開心那就不好了。另外一方面，股權也是公司的盈餘請求權。萬一賺了錢，要怎麼分配？也常是股東間不和的導火線。永遠要記住做生意的老祖宗范蠡說的話：「**人可以共患難，不可共富貴！**」

　　這就是代理問題的變形：創業家並不「完全擁有、控制」公司，也不能自己獨吞所有的利潤，要和股東分享。因此，他為何要盡力經營公司，想辦法為公司（也就是股東）賺錢呢？

　　股東們當然可以想辦法「補償」（compensate）負責經營的創業家，提供高薪、業績獎金、技術股等。但是根本解決之道，還是**要讓創業家擁有（或間接控制）50%以上的創始股份，越高越好**。如此一來，股東會表決時，有一個絕對多數的存在，大家也就比較沒話說。

　　也就是創業家自己要多出點錢，自然占有較多的股份。但是，往往有錢的沒創意，有創意的沒錢。那，就可以利用「技術股」來解決。

技術股

技術股就是用「錢以外的資源」來「作價」（充作價格，也就是「當作錢」）以取得公司的股份。又叫作「乾股」（dry share）。

最常見的做法是從科技業傳過來的，就是股東不出錢，憑「技術」來入股。

依現行的台灣法令和會計準則，是沒有「技術股」這回事的。我們只好「技術性」處理。（也因此這叫做技術股），最簡單的做法就是稍微「調整」認股價格。

【範例29】技術股

施曼妮打算在動物園旁經營景觀餐廳「雪豹文化飲食公司」。雖然她自己有景觀設計專長也有藝術品味，但是對烹飪一竅不通。於是，她邀請五星級國宴大廚「阿雞師」共同創業。然而，阿雞師表示身上沒錢，要以技術入股。

施曼妮評估了一下創業初期的資金需求，大約需要10M。在台灣，新創公司發行股票一律每股10元計算，也就是將發行1M股。

假設阿雞師要求擁有一半（50%）的股份，但他不出錢。也就是說，施曼妮必須出100%的現金10M，但只擁有50%股份。可以推算出施曼妮必須以每股 10M/0.5M股＝20／股，購買創始股權。

圖11　技術股50%

施曼妮想了一下，自己也有出技術啊，又要出全部資金，其實不太公平。於是和阿雞師商量，引入創投基金「文創百億」參與投資。幾次會議後，議定出資金額為：施曼妮2M、阿雞師0、文創百億8M。換算股權為：施曼妮0.4M@5（40%）、阿雞師0.2M@0（20%），文創百億0.4M@20（40%）。

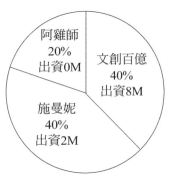

圖12　技術股：不同價格入股

　　也有用其他有價資產來作價取得技術股的方式，比如：未來薪資、房租、廠房設備、智慧資產、發行通路、供應鏈關係……。在文化創意產業，也有用「作品」（如電影、繪畫、音樂、雕塑……）來作價入股的例子。但這常會遭遇到我們先前提過的「智慧資產鑑價」問題，搞到不了了之。追根究柢，我認為還是得從文創從業人員的教育做起，要把「智慧有價」的觀念當作一回事，身體力行才行啊！

　　要特別提醒的是，別把技術股用在不正當的用途上，比如打點公務人員、圍標綁標……。因為，**不正當的利益不會長久**。企業無法永續經營，也就沒有投資價值。

　　技術股的比例越高，代表以現金投資的比例越小，對公司的經營就越不利。因此請創業家不要貪心安排過高的技術股，導致自己的麻煩。在種子階

段，技術股40%就已經算很高了，通常是20%上下。

而且，別忘了代理問題。拿技術股的股東沒出錢，虧損時也就「比較」不心痛，相對就不會付出太多心力在公司經營上；有時創業遇到困難，技術股都最先拍拍屁股走人，甚至還想要錢。通常不建議安排「完全不出錢」的原始股東（包含創業家自己），而採用一種混合的手法，比如出一半現金，一半技術股。

【課堂練習16】技術股

承上例，假設出資金額和股份比例改為施曼妮4M要占40%、阿雞師2M要占40%、文創百億4M只占20%，請問分別入股的價格為何？

📖 特別股

除了普通股以外，公司可以與股東訂定契約，合法發行「特別股」。特別股表彰某種特別的權利義務關係，比如允許股東在某個時間點「退股」，抽回原投資的現金；股東可以要求公司在特定時間點原價買回股票、優先分配盈餘或其他種種權利。

某些策略性股東（好比具有高知名度對公司行銷有幫助、重要客戶……）所能帶給公司的價值遠超過他的出資部分，也就會要求特別的權利。尤其在文創業、科技業，創業初期，公司往往缺乏有形資產，也沒有產品、市場等，因而具有高度不確定性。股東參與投資的風險比一般產業來得高。可以經過股東會同意，發行特別股來取得資金。

但，凡事有利就有弊。特別股對公司也是一種額外的風險——為了取得某些特別的股東投資，承諾了超出一般的權利義務。要是經營不順利，債權人討債、股東又要求退股，營運資金馬上告急，公司不倒也難。

創業公司發行特別股前一定要謹慎、再謹慎，若只是需要錢，還有很多

融資方式可以選擇。除非逼不得已、或者新股東有非常特殊的重要價值，否則不要輕易走這條路。

▨ 創新（業）育成

由於創業革命所帶來的驚人獲利與經濟成長，現在各類公民營機構都會成立所謂的「育成中心」（Incubator），在大陸稱之為「孵育器」。美國甚至有國家級的育成中心（National Business Incubator Association, NBIA）。

育成中心專門用來培育種子期的新創企業，在台灣最常見的是附設在學校與研究機構中，以便就近引入學術與研究的創新資源。育成中心通常會提供實體的辦公空間、基礎設施（水、電、網路），以便宜到接近免費的價格提供給新創企業。鄰近的學校也可以提供充沛的人力資源（教授、學生）。一般而言，這些提供資源的育成中心，都會以資源作價，要求創業公司提供一定的股份比例（比如10%）。如此一來，育成中心就成了公司的股東，與創業家「在一條船上」，共同承擔風險、共同分享利潤——這是美式創業精神的體現。甚至，有些育成中心還會出資入股呢！

但事情到了台灣，就會變成「台式」。台式育成中心大都就是出租辦公室含網路水電的「包租婆」罷了，平常心看待即可。

第六節　創投VC

種子階段的持續時間長短不定，短則數月，長則可達數年，端視新創事業的雛型是否能夠正常「萌芽」——**測試business model 的可行性。判斷標準只有一個：現金流入**。至少也要看到現金流入的可能性。如果始終未能達到這個標準，應當及早放棄或轉型。轉型最近又常被稱為「pivot」（軸轉，

不用中文），指「測試產品的新基礎假設、企業經營模式及成長引擎」[4]，共分為10類。有興趣創業的同學可以進一步研究。

天使輪投資不算多，能撐過種子階段的新創公司少之又少，十中無一。如果你順利撐過了，代表常態性的「收入大於支出」、「賺錢多於燒錢」，也就證明了商業模式可行。接下來就會進入快速成長期。創業家就要準備結束種子階段了，需要開始尋找創業投資機構VC。

First Round（大陸稱為「A輪」融資）：公司的商業模式已經調整成熟，在業內也有一定的地位和口碑，可能還處於虧損狀態。投資者大都是專業的VC，投資規模在1M-10M USD（10M-100M RMB）左右。

Second Round（大陸稱為「B輪」融資）：經過First Round燒錢，公司在市場上占到一定地位，開始獲利——證明商業模式沒有問題。準備開始開疆擴土，跨入新市場。這時，除了First Round 的 VC 加碼以外，會吸引其他VC跟進。投資規模大約是上輪的十倍。從此創業家大可精挑細選，選擇能帶來最多資源的VC，共同奮鬥。

Third Round（大陸稱為「C輪」融資）：公司業務蒸蒸日上，迅速擴張，具有市場內舉足輕重的地位，壟斷力很強。商業模式開始被仿效，準備IPO。能走到這一輪的公司，早已是投資圈內的當紅炸子雞，各式各樣的投資機構都會蜂擁而來。基本上投資規模都超過億級，1G USD的案子也所在多有。

一般而言，很少有新創公司做到第三輪以上的融資。因為規模已經過大，可以正式IPO了。

---

4 《精實創業》，p.219。

📖 公司評價

創業投資的基礎，在於「合理」評價創業公司的價值，才能決定投資的規模。一般而言，有三種方法：(1)現值法（Present Value）；(2)類比法；(3)議價法（Bargaining）。

(1) PV：理論上，公司的價值取決於未來的現金流量加上殘值。有所謂的「資產資本定價模型」（CAPM）以及淨現金流折現法（NPV）等等。操作方法是將BP中的財務計畫，各年度的現金流折現，然後將公司資產中值錢的部分「大概」抓個數字，加起來當作公司的價值。然後，雙方講定持股比例，依比例出資即是。這個方法的問題很多，比如r要抓多少？（通常用10%）智慧資產如何估價？現金流預估要做多少年？準確度如何？所以並不是太好用。

(2) 類比法：將新創公司與目前市場上現有類似的企業做比較。比如：開心文創公司現值100M，新創公司的業務範圍與其相似，規模卻只有十分之一，那麼，該公司目前就大概值10M。

也可以將新創公司放在類似產業中做比較。比如新創公司屬於廣告業，那就到公開發行市場上，算出廣告業的P/E大約15。然後，將新創公司（估計）的EPS乘以行業的P/E，就可以得出合理的股價（市值）。

類比法的優點是簡單、直觀。VC和創業家很容易溝通。但是，問題在於若找不到適合類比的企業或產業，這方法就失效了。尤其是文化創意產業裡有很多創意性、獨特的業種，很難找到雙方都同意可以類比的公司。設身處地思考：任何人販售文創商品，一定都不願意人家說「你賣的和另外一家類似」吧？

(3) 議價法：以上兩種做法都有先天上的缺陷，尤其新創公司引進創投時大多數都還處於虧損狀態，教科書上任一種評價方法評出來，市值都

不太好看，只能拿來參考。實務上，公司評價常常是買賣雙方，也就是投資方與被投資方互相「議價」，討價還價的結果。

對創業家來說，最重要的是要瞭解對自己的公司和產業，能詮釋論述公司價值（和藝術作品一樣），才能爭取到更好的價格。對VC而言，則是要「以最低的價格買到最好的東西」，既吹捧又殺價，相當有趣。

無論用什麼方式評價，最要緊的是回歸初衷，這一階段的資金要能滿足成長期的資金需求。比如需求100M，就要籌足100M。不要95M，否則都是白搭。

📖 股權稀釋

每一輪引進新資金都叫做「增資」。增資之前，業內稱之為「before the money」（BTM）；增資之後，稱之為「after the money」（ATM）。BTM股東所持有的股票，稱之為「老股」。ATM所增加的新股票，稱之為「新股」。

增資一定會稀釋舊股東的股權。好比原發行1M股的開心文創公司，再增資1M股，那舊股東對公司的擁有權、控制力就會變為二分之一。因此，每一輪的增資動作，都必須經過股東會的同意才行。而且，法律規定，老股東有增資的「優先權」，一定得要老股東放棄增資的權利，新股東才能加入。

在多回合的增資過程中，「通常」越後面加入的股東「實力」越堅強，能注入的資本金額越大。相形之下，前期投資者股份卻被稀釋得越嚴重。因此，後期股東所應該付出的股價應該比前期高，術語叫做「溢價」（premium）。將風險的程度列入考量的話，溢價也非常合理。**早期的投資人面臨的未來不確定性越大、風險也越高，因此理應享受較高的投資報酬率**（雖然還沒現金入袋），以較低的股價取得較多的股權。

【範例31】溢價增資

增資實務上，利用溢價來減輕股權的稀釋程度。比如，BTM舊股東持有
1M@10，資本額10M。本回合增資預計再由新股東投資10M。若不溢價，發
行新股1M@10，造成老股被稀釋成1/2。若是溢價發行，那就只要發行新股
0.2M@50。ATM 老股占5/6，稀釋程度就有限了。

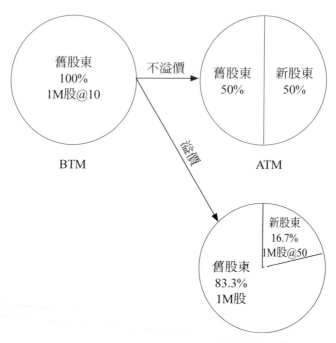

圖13　股權稀釋與溢價增資

【課堂練習17】溢價增資

BTM舊股東持有1M@10，資本額10M。本回合增資預計再由新股東投資
30M，希望能占ATM 60%股權。請問新股東的入股價格為何？

▦ 減資後增資

　　以上是公司營運步入正軌、營收持續成長的狀況下，才會這樣進行增資。若是公司虧損時的增資，新股東加入的意願就很低了；縱使加入，還會嫌老股太多，以致股權太稀。要老股東再拿出錢來也很困難，因為畢竟投資就是要賺錢，**賠錢公司還要增資，相當於賭輸了還要加注**。除非天使們口袋深又愛你，否則不會這樣做。

　　但營運資金見底，不增資只有結束營業，死路一條，創業家往往陷入尷尬難堪的困境。這時可以考慮「減資後增資」，用低價買回舊股東的股票，降低資本額。然後，再邀請新股東加入，就可以有效地提高新股的參與意願了。

【範例32】減資後增資

　　BTM開心文創公司有老股1M股，想要邀請新股東再增資1M股。如果不減資，ATM新股東對公司就只有50%的控制力。如果先減資，買回老股0.5M股@2，共花費1M。再邀請新股東增資1M股@8（別忘了公司虧損，價格沒道理比老股高），那麼就可以再籌得8M的現金。扣掉買回老股的花費1M，公司等於新獲得7M營運資金。而新股東相當於擁有公司股份1M/1.5M＝66%的比例。不過，老股肯定不太願意，因為等於其股份被稀釋了。

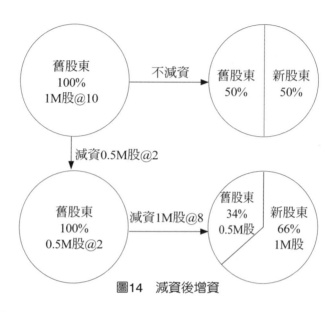

圖14　減資後增資

賣老股換新股

若想讓新股東加入，又不想讓老股東吃虧。也可以「賣老股換新股」：BTM老股東先用較高的價格賣出股份給新股東；然後再拿這筆錢參與增資，那麼 ATM 就不至於被稀釋的太嚴重了。比如BTM老股東以賣出1M@50；就可以在ATM 買入5M@10，股份大大增加。

當然，每次增資也是個重整股東結構的好時機，老股東可以獲利了結或認賠殺出；新股東可以加入經營團隊，一舉兩得。

增資不等於績效好

許多創業家有個錯誤觀念：把增資當作經營績效，好像公司資本額越大，生意就是做得越大，自己的身價也就水漲船高。因此，腦中好像有個試算表，隨時都在算這麼做，公司價值會增加多少，那麼做，股價會增加多少……這個想法非常要不得。

回歸本書一再強調的初衷：經營公司的目的是要透過銷售產品和服務來賺客戶的錢。而不是透過增資來賺股東的錢。而且，增資代表著公司因應未來營運的資本不足，在某種程度上應該算是經營者的失敗吧！

在此也分享一個有趣的心得：通常**需要增資的公司都是不賺錢的公司，賺錢的公司不增資**。因為增資必然稀釋股權，也就稀釋了盈餘分配的比例。老闆有錢不自己賺，分給別人賺，豈有此理？

第七節　IPO

經過了以上各輪的募資，新創公司的規模大到得向公眾募款以充實資本的階段，那就叫作IPO（Initial Public Offering）。

IPO的方式會因各國的證券法規而有差異。比如在美國，IPO代表可以掛到證交所的版面上，讓股市投資人公開交易。在台灣，金融管制相對嚴格，限縮了企業集資的自由度，IPO只代表你可以登廣告向大眾嚷嚷：「我們公開上市了！」比較不會被金管單位找麻煩，如此而已。因此在台灣「公開上市」，沒太大實質意義。有意義的是在證交所掛牌「上市」、「上櫃」，才會大大增加公司股票的流動性，增強「外行」投資人買賣投資的意願。那比較值得放鞭炮慶祝，比較像美國的IPO。

法律規定，IPO必須滿足某些獲利條件與年限等。也由於法令相當複雜，並且經常變動，因此想要IPO的企業都必須接受合格的證券公司輔導，才可以遞件申請上市上櫃。這些證券公司通常會收取一筆輔導費用，並自己參與IPO增資，與新創企業「休戚與共」（誘因相容）。反過來說，**若輔導你的人不願意加入你，勢必造成代理問題。儘量不要接受。**

如果你真的已經到了IPO的階段，就可以把這本書拋開了：找專業的來！

【專題】文創創投基金

　　為了振興文化創意產業，台灣的「國發基金」（政府編列預算的投資基金）於2010年通過「加強投資文化創意產業實施方案」，編列新台幣100億元，交由文建會（現文化部文創發展司）主導，以限制性招標的方式，將資金信託給民間創投業者VC，來專門投資文化創意產業。總共有12家創投業者，包括「中影」、「文創一號」、「柏合麗」、「學學」、「和利」、「達利」、「豐利」、「吉富」、「中信」、「和通」、「華登」、「華陽」等公司得標。

　　基金運作方式大致以「1:1」方式出資，也就是說，政府投資1M，民間業者相對投資1M。比較具爭議性的是，依文建會「加強投資文化創意產業實施方案」勞務採購案的需求說明書中載明：「本採購案經費為支付廠商之管理費，由國發基金提撥支應，以新台幣7.76億元為上限」、「每年計算二％分期支付管理費，……各專業管理公司合計累積投資金額以新台幣60億元為上限」、「自投資的淨收益提撥20％支付乙方做為績效獎金」。等於「拿國家的錢去做生意，賠錢賠國家的，賺錢就放到自己口袋，天下哪有那麼好的生意？」[5]

　　撇開政治爭議不談，檢視這十二家文創創投的背景，有一半是在前一年《文化創意產業發展法》通過後才成立的，又有其中五家是在國發基金通過方案、招標前才成立。很難評估具有什麼樣的文創專業知識。據我實際接觸的經驗而言，這些業者有的是純傳統VC出身，對文創一知半解，那就不談了。大部分是VC找了某個特定文創子產業的專家來參與基金經營與投資案評估，如電影（最多）、電視、設計、工藝……。而文創業的業別間差異甚大，不可能由一家全包。因此，投資方向難免有所偏廢。最常發生的質疑

5　《新新聞》雜誌2012/7/25報導　http://www.new7.com.tw/NewsView.aspx?t=&i=TXT20120725172825KF3

就如我們在第一章所言，比較沒有營利能力的業種，如文化資產、表演藝術……，很難受到創投的青睞。不平則鳴，「文化界」頗多批評。

再由於文創產業「小圈圈」的特性，使得投資人與被投資常常都是同一群人，產生了利益迴避的問題。文創一號的執行長王偉忠先生解釋：「文建會投資《賽德克·巴萊》，魏德聖也投資《賽德克·巴萊》，不可能說就不讓魏德聖做導演……我沒搶文化人飯吃，我也有創意。」[6]

繼續追蹤這十二家業者的表現，到了2015年，其中有4家「陣亡」：學學創投、達利、和利與國發基金解約，不玩了；吉富文創則遭停權。其他8家仍繼續運作中。文化部則繼續於每年七月作兩年投資績效的評估。關於陣亡原因業者解釋，文創不被理解，甚至被污名化，導致與文化部共同投資進展不順利。另外有些業者乾脆逕自直接投資，像是中影今年便投資了《刺客聶隱娘》、《青田街一號》等電影。[7]（也就是自己玩，不跟政府玩。）

為了改善這種情況，主管機關文化部（原文建會）擬定了「文創共同投資第二期計畫」，投資對象擬以具投資潛力或具整合文創事業之公司為主，於2016年初啓動。試分析之：

文化部長表示，文創二期入選的專業管理公司背景、專業項目十分多元，除金控集團、創投事業外，更有專精於新創公司育成的團隊。其擅長投資的領域包含創意發想、跨界設計、平台推廣、數位內容、影視流行及藝文表演等，所提投資案源非常多元，除已涵蓋文創產業15個產業，並有多案具跨域加值，能發揮以大帶小，協助微小型文創產業發展之公司。

6　來源同上。

7　《工商時報》2015/6/10 報導　http://www.chinatimes.com/newspa-pers/20150610000073-260202

以上解決文創專業性和投資領域受限的問題。

文化部指出，文創投資二期計畫的特點包括：投資對象除文創事業外，具跨域加值與整合概念之公司皆可投資：

用意雖好，但這可能會引發「假文創」的問題。導致根本不屬於文創業的業者，隨便找個名目就說自己是「文創」。後續效應也有待觀察。

針對具指標性文創業者將提高國發基金與創投公司的投資比例為3：1。

也就是拉高「槓桿比例」，民間創投出1份資金，政府跟著投入3倍。好處是增加資金的活水，壞處是可能會造成「代理問題」。後續效應有待觀察。

文創二期計畫經過嚴謹的採購與評選過程後，遴選出下列10家優質專業管理公司：大亞創業投資股份有限公司、中國信託創業投資股份有限公司、之初創業投資管理顧問股份有限公司、台灣新光國際創業投資股份有限公司、永豐創業投資股份有限公司、英屬維京群島商華遠匯管理顧問股份有限公司台灣分公司、國聯創業投資管理顧問股份有限公司、創新工業技術移轉股份有限公司、豐利管理顧問股份有限公司、寶利資產管理股份有限公司等。（引文來源為文化部新聞稿[8]）

除了這些專門投資文創產業的創投以外，其他台灣創投的名單可到「中華民國創業投資同業公會」的網站http://www.tvca.org.tw/ 上找到，聯絡方式寫

---

[8] http://cci.culture.tw/cht/index.php?code=list&flag=detail&ids=12&article_id=13400

得清清楚楚。通常只要你寫封「言之有物」的email過去，約到一場簡報機會不太難。因為，要知道他們手上的錢如果不投資出去，就沒有投資績效，股東也會很失望。因此，大部分「認真的」創投每天都在看案子，巴不得憑空掉下來一份好BP，很歡迎創業家與其聯絡。

重點回顧

- 無論創業家或企業家，都是冒險尋求利潤的人。
- 創業就是投資，創業之前一定要做好投資評估；投資就是創業，拿出創業家精神，審慎積極的去從事、勇敢冒險。
- 任何營利事業的本質就是投資項目，大可把它當作一個黑盒子，不必管裡面怎麼運作，只要看錢進錢出就可以了。
- 「商業模式」Business Model：企業家進行商業行為來創造財富。對內可用來擘劃願景、凝聚共識、檢討可行性及經營績效；對外，可以讓投資人更願意參與投資，方便找錢；各種利害關係人也容易瞭解企業的本質，提供協助並減少經營的阻力。
- 事業計畫書BP是關於新事業的故事；也是為了溝通創業家與投資人，所使用的格式化文件。
- 錢很聰明，會自己跑到投資報酬率r最高的地方。**錢是拿來花的**。
- 作資金需求預估時，支出估計從寬，收入估計從嚴。
- 想辦法讓流進來的錢比流出去的多，也就是「賺錢」。
- 「種子階段」指從「創業念頭興起，建構商業模式」到「創業家專職投入事業」。
- 天使通常來自創業家自己認識或輾轉透過親友介紹認識的富有人士。名片盒的深度就像球隊的板凳球員深度，決定了天使輪的募資成敗。

- 錢不一樣大！投資創業家的天使有等級：小天使只能給你錢，大天使除了錢，還能給你更重要的「資源」。
- 要讓創業家擁有（或間接控制）50%以上的創始股份，越高越好。
- 技術股的比例越高，代表以現金投資的比例越小，對公司的經營就越不利。
- 創業公司發行特別股前一定要謹慎。
- 測試business model 的可行性。判斷標準只有一個：現金流入。
- 對創業家來說，最重要的是要瞭解對自己的公司和產業，能詮釋論述公司價值，才能爭取到更好的價格。
- 早期的投資人面臨的未來不確定性越大、風險也越高，因此理應享受較高的投資報酬率。
- 需要增資的公司都是不賺錢的公司，賺錢的公司不增資。
- 賠錢公司還要增資，相當於賭輸了還要加注。
- 若輔導你的人不願意加入你，勢必造成代理問題。儘量不要接受。

習題

1. 你的文創夢是什麼？請依第一節談到的方法，寫下Business Model。
2. 承上，寫一份簡短BP摘要，請勿超過一頁。
3. 找一家你最喜歡的文創業者，蒐集其創業歷程的資料，並作1,000字左右的簡短報告。重點請放在財務上面。
4. 製作你的名片，然後到任何一個文創業者出沒的場合，換回10張以上名片。
5. 拜訪任何一家文創創投VC業者，寫簡單的參訪報告。

第7章　營運資金管理

年收入20磅，花費19磅19先令又6便士，結果就是幸福；
年收入20磅，花費20磅又6便士，結果就是悲慘。

　　　　　　　　　　　——狄更斯《塊肉餘生錄》

　　想像企業是一座水庫，水也就是錢，是裡頭最重要的資源——

　　水庫要蓄水，才能灌溉、發電；就像企業要有營運資金，才能提供產品和服務。

　　下雨時，水從山上流進水庫；就像是企業的收入。

　　農田需要灌溉時，就得開閘放水；就像企業的支出。

　　營運資金管理有幾個重要原則，一樣以水庫管理做比喻：

第一、絕不可以讓水庫見底：若是水庫見底，水庫裡的魚會乾涸而死。下游農田也沒水灌溉，那水庫就失去作用。也就是說，**營運資金（尤其是現金）一定要維持在安全存量以上**。

第二、不可過量蓄水。除了決堤崩潰的危險外，也代表水資源運用不當——有可能某些地方需要水，卻不知道；也有可能水庫的水長期不流動，造成優氧化，魚都死了。也就是說，**營運資金不可過多，導致投資報酬率下降**。

第三、注意突發需求。若灌溉用水長期需求大，可以想辦法鑿山引水、開發水源，還算好辦；最怕就是臨時需要大量用水。也就是說，**要有良好的短期借款能力**。

第四、下雨有季節性，夏季多雨，冬季少雨，灌溉的季節性需求卻不見得吻合。也就是說，**注意營運循環和現金循環的「時間差」**。

第一節　現金來源與使用

理解影響現金流量的營運活動，要從先資產負債表恆等式看起：

總資產＝總負債＋股東權益

總資產＝流動資產＋固定資產＝現金＋現金以外的流動資產＋固定資產

總負債＝長期負債＋流動負債

代入資產負債表恆等式：

$$現金 + 現金以外的流動資產 + 固定資產$$
$$= 長期負債 + 流動負債 + 股東權益$$

移項可得：

$$現金 = 長期負債 + 流動負債 + 股東權益$$
$$- 現金以外的流動資產 - 固定資產$$

因此，我們可以歸納出五類財務活動，對現金存量的影響與例子列表如下：

表20　影響現金存量的財務活動

現金來源　$\uparrow$		現金使用　$\downarrow$	
長期負債增加	增加長期性借款，如發行長年期公司債	長期負債減少	償還長期借款，如買回長年期債券
流動負債增加	增加短期性負債，如民間借款周轉	流動負債減少	償還短期借款

現金來源　$↑		現金使用　$↓	
股東權益增加	發行新股票、增加資本公積	股東權益減少	買回股票、減資
現金以外流動資產減少	出清存貨	現金以外流動資產增加	生產存貨、投資
固定資產減少	出售廠房設備	固定資產增加	買入財產

　　會導致現金增加的活動稱為「現金來源」（source of cash），會導致現金減少的活動稱為「現金使用」（use of cash），兩者所造成的效果正好相反，相當好記。

第二節　短期借款

　　短期性借款，俗稱為「周轉」，有下列方法：

(1) 無擔保貸款：又稱為「信用貸款」。向銀行借款時，不需要質押擔保品，利率通常較高（年息20%常見）。一般而言，往來銀行都會提供公司一定的「信用額度」（line of credit）。允許公司可以在這額度內，不須經任何審核程序，借用現金。類似個人用的信用卡。只要公司能在還款期限（通常不超過兩個月）內償付所借金額，維持信用，額度就會「重置」，再度擁有借款的能力。銀行則會每年評估公司的信用，據以調整額度。

　　如果公司沒能依約償付借款，一定會導致信用額度減少，甚至取消。但是，公司若一直沒有利用信用額度來借款也不行。因為銀行沒得賺利息，而公司也沒有往來紀錄。萬一有突發性的大量資金，需要銀行融通，人家才不理你。記得：**做生意要有來有往比較好**。

(2) 有擔保貸款：短期貸款通常用「應收帳款」和「存貨」兩種擔保品，

來向銀行（或其他金主）融通借款。

借款人使用應收帳款來抵押，又稱為應收帳款「貼現」。借款人若到期無法足額清償，就直接由銀行轉售應收帳款給其他財務公司，所得用以償還債務。若仍是不足，借款人仍需負責補足餘額清償。

【範例33】應收帳款貼現

開心文創公司出售一批商品予雙光文化集團，貨款1M以三個月後才到期的支票支付。這筆錢，在開心文創的帳上就會變成應收帳款。開心文創可以拿這張支票去向大發銀行質借現金，通常會低於1M（視各種情況而定），比如0.8M，作為短期周轉用途，約定下個月償還，利息10%。如果下個月開心文創有足額償還0.88M，就可以取回應收帳款支票。

如果未能足額償還，銀行就把支票轉讓給其他大偉財務（討債）公司，收回0.5M（通常會更低）。不足的0.88M-0.5M=0.38M，仍然要由開心文創負擔。

大偉財務公司則可以等支票到期，再去向雙光文化取得應收帳款1M。如果雙光文化未能支付，那就是另一個故事了。

使用存貨擔保的方式類似以上，只不過金主不是銀行，而是和公司有業務往來的通路、倉儲、經銷商……。這一種方式很難適用於大多數的文創業，原因是我們多次提過的，智慧財產鑑價有困難。

第三節　營業循環與現金循環

從現金流量的觀點來觀察公司營運，大致有五個重要事件：

(1) 進貨。

(2) 支付進貨貨款（現金流出）。

(3) 生產製作。

(4) 銷貨。

(5) 收取銷貨貨款（現金流入）。

如果單論一次性的業務，這五個事件大致會依照上面的順序發生。但是，在實務上，公司會有許多交易同時在進行，類似管線性（pipeline）的作業方式。因此，彼此之間的事件發生時間點會錯落分散在時間軸上，以至於現金存量難以控制，產生短絀的危險。

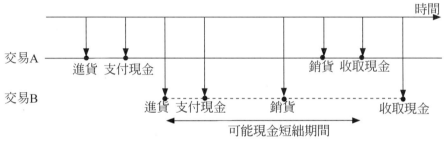

圖15　錯開的現金流

因此，我們必須先學會「營業循環」（operating cycle）與「現金循環」（cash cycle）的區別。示意圖如下：

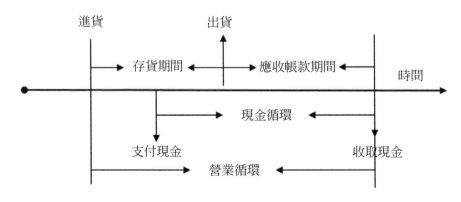

圖16　現金循環與營業循環

營業循環是指從進貨一直到收取銷貨現金為止的時間。

現金循環是指從支付進貨現金一直到收取銷貨現金為止的時間。

存貨期間是指從進貨一直到銷貨為止的時間。

應付帳款期間指從進貨到支付銷貨貨款為止的時間。

應收帳款期間指從銷貨到收取銷貨貨款為止的時間。

> 營業循環＝應付帳款期間＋現金循環＝存貨期間＋應收帳款期間
>
> 現金循環＝營業循環－應付帳款期間

【範例34】現金循環與營業循環

開心文創公司於第0天向超彈塑膠公司購入價值1M的原料，先取貨，預計於第20天以現金付清帳單。原料到齊後，又經過20天的生產製作過程，在第50天產生了價值2M的存貨。當天，客戶雙光文化購買了1.5M存貨，在第60天付款。

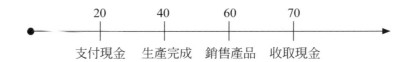

存貨期間＝50－0＝50天

現金循環＝60－20＝40天

營業循環＝60－0＝60天

應收帳款期間＝60－50＝10天

應付帳款期間＝20－0＝20天

當交易數量又多又複雜時，我們可能沒辦法向上例這樣逐筆計算。那就必須從財務報表中，計算出存貨期間、存貨周轉率、應收帳款銷貨天數……

資料，才能處理現金循環。計算方式複雜，我們在此略過。相信等你的公司大到一定的規模，財務人員就會幫你算出來了。

算出這些數據後，現金管理有幾個重要原則：

(1) 營業循環要儘量縮短，提高經營效率。

(2) 存貨週期越短越好，可以降低存貨成本。

(3) 存貨周轉率越高越好，不只可以降低存貨成本，也代表銷貨速度很快，生意很好。

(4) 現金循環要越短越好，減少資金壓力。

(5) 應付帳款期間拉長，就可以減少現金循環。也就是說，付錢要越晚越好。

(6) 應收帳款期間要縮短，可以減少現金需求。也就是說，收錢要越早越好。

(7) 最好現金循環要比營業循環短，代表有很多現金資產。

【課堂練習18】營業循環與現金循環

神奇工坊於第0天訂購琉璃材料一批，原料商告知貨還沒到，只好先付款10K，預計於第5天取貨。原料到齊後，花了50天製作了一尊神奇琉璃佛像，價值1M。在櫥窗裡展示了150天，終於遇到有緣人銀河大師前來購買。他先取貨，開了一張為期90天的支票付款。請計算其存貨期間、現金循環、營業循環、應收帳款期間、應付帳款期間。

【專題】出版產業的現金循環

現金循環大多數是正值，但也有可能是負值。因為只要應付帳款期間夠長，而應收帳款期間夠短，就可以創造出很大的現金流量。在文創業中，只要有正確的商業模式，加上現金管理得宜，很容易可以達成這個目標。以下我們以「出版產業」為例來說明：

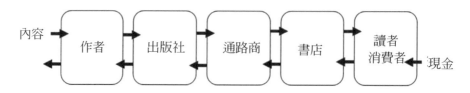

圖17　出版產業的內容與現金流

　　在台灣，一本書的發行，是由作者完成稿件內容後，交由出版社進行
編輯。出版社印刷成書，再交由通路商鋪貨到書店。最後，書店賣書給讀者
（消費者）。內容的流向，在上圖中是由左到右，層層傳遞。供應鏈中每個
環節的「營業循環」都是按照次序、環環相扣。

　　現金的流向則「大致」由右到左：從消費者的荷包掏出錢來，進入書
店；書店支付通路商書款；通路商再拆分給出版社；作者則由銷售收入中抽
取一定比例的版稅。銷售拆分比例大約是作者拿到書籍定價的10%-20%（視
實際銷售量而異）；出版社以定價的50%出貨給通路商；通路商再以定價的
70%出貨給書店；書店通常會打折賣書，以75%-100%賣給最終消費者。如果
沒賣掉的書，則退還給通路商，再退回給出版社。也就是說，退貨成本全部
由出版社吸收。你可以發現，由於各個環節有各自的經營策略和考量，「現
金循環」錯亂開來了。

　　從「作者」端開始分析。在美國、日本等出版大國，有「預付版稅」制
度。也就是說，簽約時作者就會先收到一筆預付版稅；類似訂金，提供其在
寫作時間的生活所需。也就是說，現金循環很短，甚至還沒開工就拿到錢，
不會有財務危機。

　　在台灣，作者通常是在出版社完成印刷，正式發行時才會拿到版稅。也
就是說，營業循環大於現金循環，很可能會發生財務危機。這也是在台灣很
多作者相當窮困的原因。

接下來看「書店」這環，進書都是由通路商先把書本送來，然後視銷售狀況再結清貨款（通常是三個月後），賣不出去的書就退貨。因此，書店的存貨成本很低，而且應付帳款週期很長。書店賣書給客戶時，通常都是收取現金（或刷卡），因此應收帳款週期很短，通常只要幾分鐘。

當然，這和書店的規模和議價能力有關。小型的獨立書店，往往通路經銷商會要求提早付款，或者進貨時就「買斷」，也就不能退貨。因此現金和存貨壓力就很重了。

大型連鎖書店的議價能力就很高，有些甚至有自己獨立的經銷通路。因此，應付帳款週期就可以拉長，庫存壓力也比較低。比如Amazon這家網路書店，他向出版社進貨時是賒賬，書先入庫，付款可能要三個月後，應付帳款期間很長。但是賣書出去時，是向客戶收現金。一旦網路下單，立刻向信用卡公司請款，即時轉帳。因此該公司的現金循環經常性是「負值」，握有大量的現金資產，公司價值也就水漲船高了——這就是創新商業模式的威力。

在這個模式下，相對的，「出版社」就很吃虧了。因為通路經銷商會很晚付款，導致應收帳款週期很長。而上游的供應商如出版社、作者……都是要付現金，應付帳款週期很短。因此，在台灣開出版社，尤其是獨立出版社，個個都是苦哈哈。

也由於以上緣故，出版產業上下游整合的趨勢非常明顯。有的是出版商「向下整合」，自己建立通路經銷體系，甚至有自己的書店，比如出版本書的五南圖書出版公司。有的是由書店或通路商「向上整合」，自己開起了出版社。比如Amazon現在兼營出版業務。鹿死誰手？我認為最終還是看誰整合得好，誰就能勝出。

說到底別忘了本書開宗明義提到的條件：「收入 > 支出，而且要永遠滿足。」那就是營運資金管理的最高原則。

- 營運資金（尤其是現金）一定要維持在安全存量以上。
- 營運資金不可過多，導致投資報酬率下降。
- 要有良好的短期借款能力。
- 注意營運循環和現金循環的「時間差」。
- 現金＝長期負債＋流動負債＋股東權益－現金以外的流動資產－固定資產
- 短期性借款，俗稱為「周轉」，分為「信用貸款」及「有擔保貸款」。
- 做生意要有來有往比較好。
- 營業循環要儘量縮短，提高經營效率。
- 存貨週期越短越好，可以降低存貨成本。
- 存貨周轉率越高越好，不只可以降低存貨成本，也代表銷貨速度很快，生意很好。
- 現金循環要越短越好，減少資金壓力。
- 應付帳款期間拉長，就可以減少現金循環。也就是說，付錢要越晚越好。
- 應收帳款期間要縮短，可以減少現金需求。也就是說，收錢要越早越好。
- 最好現金循環要比營業循環短。

● 習題

1. 訪談任何一家文創業者，計算其存貨期間、現金循環、營業循環、應收帳款期間、應付帳款期間。
2. 選擇一個文創子產業，比照專題中「出版產業」的方式，將其供應鏈中現金流向畫出來，並且分析營運資金管理的關鍵。

第8章　退出事業

上台身段要優雅、下台背影要漂亮。

　　　　　　　──梅蘭芳（京劇名伶，1894-1961）

　　根據經濟部2015年的統計，創業一年內就倒閉的失敗率高達90%。存活的10%中，五年內又有90%倒閉。也就是說，只有1%的創業公司能撐到五年以上。這數據放眼世界各地都差不多，用創業「百死一生」來形容，一點都不為過。

　　既然成功率這麼低，為什麼還有那麼多人前仆後繼的創業呢？依照行為經濟學的講法，這是人類「不當行為」（misbehaving）的一種[1]，完全非理性。創業就如同戀愛一般，激情而盲目，當然「愛著卡慘死」。

　　「理性」來說，事業是有機體，也自有其生命週期：有開始的一天，就有結束的一天。在每一個事業階段，公司都有可能會倒掉。創業失敗的原因有百百種，結果卻只有一種：結束營業。這時在財務上有許多工作要處理，這就是第一節要討論的主題。

　　萬一，真的是萬一，萬一公司創業成功了呢？創業家和投資人也有可能會「退出事業」，理由不一而足。這時也有一些財務工作要處理，這是第二節要討論的主題。

1　《不當行為》，p.90。

第一節　結束營業

創業失敗表面原因很多，但根本原因只有一個：**失控的燒錢速度**。

現金有如企業的「血液」，血液帶來養分，提供所有企業營運活動所需，失血過多就會死。現金流量的管控是新創事業要存活最重要的議題，創業家常見的錯誤不外乎三型：

(1) **錯誤理解現金流入的方式與管道**：錯估收入來源、市場預測失靈、對產品與收入的關聯性有錯誤的期待、低估獲得現金收入所需的時間……。比如開文創咖啡廳、餐飲店，往往是賣氣氛而不是賣餐飲。你從餐飲上去取得營收，或依照餐飲的成本去訂價，現金流入自然不足。

(2) **低估成本**：設備的折舊與汰換需要超乎預期、低估人員的訓練成本及人力需求、日常作業損耗、行銷費用、研發費用……。比如藝術家常犯的毛病是把錢都花在作品上，而忘了把作品推向市場需要錢，現金流出量遠超過創作的成本。

(3) 低估確保財務安全的現金流量，**周轉金不足**。這常常是因為收入和支出間的「時間差」所造成的。一般而言，生產製作的成本發生在前，而銷售收入發生在後，在報表上看起來入大於出，但就過不了急迫性的現金需求。

新創企業財務管理上有一個最重要的檢核點，叫做「損益兩平」（BPE, Break-Even Point）。損益兩平意味著現金流入與流出相等的那個時間點。通常在此之前，流入小於流出；在此之後，流入大於流出。**創業家的責任是盡早讓公司達到損益兩平，然後現金流量一直保持正值**──這就是創業遊戲唯一的訣竅。

依各地的法令和習慣風俗不同，公司解散程序的複雜與難易度也有所不同。華人地區是比較偏「家長保護主義」，傾向於「保護」投資人，也就

對創業家比較不利。因此，解散程序就相對複雜又困難許多。導致社會中有許多「殭屍」公司，雖然早已結束營業，但因為未能完成清算解散的法定程序，在主管機關的資料庫裡仍然存在著。也就是還必須履行法律義務。

一般而言，要結束營業、解散公司，需要進行清算資產、處理債務、處理稅務、支付其他利害關係人等等程序，最後才將剩餘價值發還與股東，才算完成。

清算

公司結束營業，在財務上意味著要清結公司資產的價值，變現後發與各利害關係人，將資產負債表上所有的項目都結清歸零 —— 這個程序，就叫做「清算」。

首先，要將公司資產作一次清算：哪些值錢？哪些不值錢？值錢的東西變現；不值錢的東西留著作紀念。

這時資產流動性的問題就浮現出來了。變現後，資產的價值「一定」與資產負債表的帳面上不同，只會少不會多。因為，當初是以取得資產的歷史成本計價，而現在除了折舊以外，還會有流動性的折價。

有形的資產處理起來相對容易。比如生財器具可以折讓、存貨也可以跳樓大拍賣、應收帳款可以轉讓給別的公司、房屋建物也可以轉租售……都可以回收或多或少的現金。流動性高的資產（應收帳款、股票……）會換得較多的現金，流動性低的資產（土地、廠房、設備……）就會換得比較少的現金。

最麻煩的就是各式各樣的無形智慧財產。在文創產業中，問題更加嚴重 ——

專利權、商標權，因為有註冊登記、法令保護，要是還有市場價值，可以簽約轉讓給別人，然後再去變更登記就行了。困難的不是登記和保護，而是你可以想一想，倒閉公司的商標、經營失敗的專利，誰想要？剩下多少價

值？

　　著作權和商業機密並沒有登記制度，只要雙方自行簽約轉讓即可。但是市場價值相當難評估，縱有也不多。道理很簡單，如果這些資產價值高的話，公司拿去變現就能支持營運了，也不至於倒閉。

　　商譽、社會形象（goodwill）這種資產，無論當初花了多少成本建立的，清算時幾乎一文不值。

　　清算完，資產負債表的左欄，就只剩下現金項目，其他都消滅了。

債務處理

　　資產變現後，現金得拿來優先清償「債務」。

　　如果現金大於債務總和，那當然沒問題，只要逐項清償即可，甚至還可能拿回一些抵押品（如：應收帳款、土地廠房、存貨……）。

　　但實際情況通常是，現金小於債務總和。因為當初之所以清算，就是營運資金不足嘛。再加上清算後的資產，也換不到多少現金。這時，麻煩就來了──

　　首先手上握有抵押品的債權人會沒收抵押品。如果抵押品不足，在比較鼓勵商業冒險的國家，債權人就要摸摸鼻子認虧，列呆帳。但是，在比較家長保護主義的地方如台灣，剩餘的債務就會落到「保證人」（保人）頭上去承擔。問題出在：保證人一定沒有什麼財力，否則當初直接向保證人借錢就好，幹嘛向債權人借？

　　在台灣，**公司貸款必須由董事長（也就是老闆）擔任「連帶保證人」──別的股東是「有限責任」，創業家卻是「無限責任」**──倒閉的公司沒法償還的債務，必須由老闆一肩扛起。創業風險無限大！

　　日本首富柳井正就如此批評過個人擔保制度：「我發現日本的銀行在這裡面有一個壞習慣，「企業」從銀行貸款，卻要「個人」承擔全額的擔保責任。反過來，企業一旦上市，又必須解除個人所有的擔保。也就是說，企業

向銀行借款需要個人擔保，這是因為銀行將企業和個人混為一談……向銀行貸了款，就感覺到自己做的每一件事情都要在意與銀行的關係，好像自己完全從屬於銀行似的。」[2]個人擔保其實就是落伍的「無限責任」制度，不利商業融資的發展。柳井正說得很直接，「因為有擔保，一旦公司經營失敗的話，個人的生活也跟著完蛋的事也常有。」台灣的金融界受日本影響很大，也有這種要求保人的惡習，害得很多人生意失敗，生活也跟著完蛋，甚至走上絕路。

在國外，公司貸款的同時必須提供充分的抵押。所以即使公司倒閉，抵押品拿去拍賣足以清償債務；而且「有限責任」的制度得以貫徹，公司的債歸公司的債，私人的債歸私人的債，公私分明。然而，台灣「超貸」（超出抵押品價值的貸款）的現象很普遍，所以連帶保證人有很高的風險。這種「有限公司、無限責任」的制度正是創業與創新最大的阻礙，政府單位宜深思改善之。

另外，員工的薪資若未給付完整，一樣會被視為債務，最好優先清償。因為，員工辛勤的工作，才能賺一份薪水養家活口。結果還被積欠，日子就過不下去了。人日子過不下去，鐵定拼命。拼命事態就嚴重了。

那，若是公司清算時，還有多筆債務、多位債權人，而現金卻不夠償付所有債主，那怎麼辦？除非當初的借貸契約有特別明文規定優先清償（也不見得有用）。否則，就是「用搶的」，先搶先贏。因此我們會常在電視上看到店家倒閉，一堆債主急著闖進去，看到什麼就搬什麼。

《文創產業發展法》中提到，政府有責任為文創工作者提供融資借錢的擔保，也就是讓銀行不要怕，如果創業家還不起錢，政府來替你還。這是一項德政，然而可想而知，這樣借不到多少錢。而且，假使你真的不還，以後

2　《一勝九敗》，p.85。

別想再借錢了，說不定還會用公權力叫你還錢。

如果真的真的債務過多，怎麼也還不起怎麼辦？

這時要記住古老的商業智慧：「**蝨多不癢、債多不愁**。」

債務若真多到不可能償還時，反而應該擔心的是債主，絕對不應該是欠債的人。錢你都已經拿到花完了，現在就是沒錢，只差沒有說：「人肉鹹鹹，爛命一條」之類的風涼話而已，債主還能拿你怎麼辦？

合法的討債方法就只有一種，拿著借貸契約去法院訴訟。一旦債權確立，債主可以要求法院「強制執行」拿你個人資產去拍賣；留下你生活所需後，從你以後的收入來源定期扣款。當然，債務人也要擔心不合法的討債手法（電話騷擾、噴漆、暴力脅迫……）。因此，當初借錢就要儘量找合法的金融機構，他們就不太敢使用這些討債手段。

📖 稅務處理

「取之於社會，用之於社會。」經營事業必須繳納各種名目的稅款，包含公司所得稅、營業稅、印花稅……。另外還有各式的規費、罰款、社會保險分攤金……，其實也算是一種稅。這些稅款若未按時繳交、或者是欠繳時，就相當於公司欠政府的債，政府變成債主。最厲害的是這個債主，可以動用稅捐警調等機關的合法武力來追稅，只要債務人還在管轄範圍內，逃也逃不掉的。

政府以「逕送強制執行」（不須經由審判）為手段，追稅可謂無往不利。近年來，由於政府財政困窘，追稅更是上天入地、無所不用其極。對於欠稅大戶，通常會優先「限制出境」。善良老百姓一接到法院通知「限制出境」就嚇得皮皮挫了，乖乖交錢；再不交，就會祭出「管收」的法寶，把欠稅人關進監獄，通常就會乖乖交了。

相信文創工作者都是善良守法的好公民。該繳的稅還是要乖乖繳。結束事業時，若有積欠稅款，主管機關便不准清算解散，追溯年限幾乎無限制，

相當於「無限責任」。

【案例】追稅條款

　　「稅」為一個國家能夠順利運作的重要因素。透過法律的規定，人民在創造經濟價值時，必須依比例繳納稅金，維持政府的正常運作。然而，法律只保護懂法律的人——逃稅是不良行為，用法律來制裁不良行為，那誰來制裁法律呢？

　　以往在台灣，欠稅只需要去補繳（加計利息）就可以了，頂多加上一些罰款，以行政罰為範疇。然而，現在可不一樣了，國稅局會主動出擊追稅，手段包括定期／不定期公布欠稅大戶名單，形成社會輿論壓力來促使納稅義務人繳稅。其中包括許多名人，例如前亞力山大健身俱樂部董事長唐雅君積欠營所稅、營業稅高達1億2千多萬元，另外，藝人賀一航也曾欠稅高達600多萬元。

　　最令人印象深刻的還是台灣第一代的科技新貴黃任中。他前半生享盡榮華富貴，後半生卻生意失利，積欠了龐大的稅款而遭法院管收。生了重病也不准保外就醫，終於死於獄中。2011年底，立法院三讀通過延長「追稅條款」，稱為「黃任中條款」，企圖追回那些積欠稅款。也就是死後事情還沒完，他的兒子、姐姐等人合計欠稅超過45億元，仍排名全國欠稅榜首，被繼續追繳中。

剩餘價值

　　所有的債務清償完畢，才會輪到股東分現金。通常這時，公司的剩餘價值已經不多了，或者根本沒有。因此，股東依持股比例分配到的剩餘現金，應該會遠少於當初的出資額。這也沒辦法，生意失敗本來就會造成虧損。

　　但有一點不必擔心，如果仍有未清償完畢的債務、稅務等，不會追繳到

一般股東頭上。因為畢竟，這是有限責任的公司。

第二節　股權轉讓

從創業家個人生涯的角度看，公司就像人生旅途中的「公車」，創業就像「上車」，到了目的地，就要「下車」。有上車就有下車，很少人會一直坐在公車上吧？

即使是公司經營相當成功，創業家也可以將自己的股權轉讓給別人，又稱為「賣公司」。

由於股權表彰著公司經營權、盈餘分配權等，創業家賣掉持股就相當於賣掉對於公司的控制權。往往會造成許多負面的影響，比如小股東會覺得沒有信賴感、一般投資大眾也會覺得是否公司出問題，否則創業家自己幹嘛賣股票呢？

更進一步，這也會影響到下一回合的募資。因為創辦人（老闆）自己都不持股或持股太少，代表對公司的承諾不足，投資的風險很大。

因為畢竟，是「人」在做生意，不是公司在做生意。

📖 IPO前

在IPO之前，公司股票並未公開發行。要轉讓股權必須自己「私下」去找特定人承接。根據契約自由的精神，可以自由選擇交易對象，別人無從置喙。只要買賣雙方談好價格，簽訂合約，然後去銀行繳證券交易稅，最後再向公司的股務部門登記一下就行了。在台灣，如果持股比例很高，可能會需要經過其他一定比例以上的股東的簽名認同，才能向主管機關辦理股權變更登記。這些程序性細節都可以找合格的會計人員處理。

再者，IPO之前，股票並沒有「市價」或「公訂價格」。只要買賣雙方合意（彼此同意），就能以任何價格成交。因此，若公司經營成功，未來成

長可期，成交價都會是當初創業時投資成本的數倍、甚至數十倍、數百倍之多——這大概是創業家最甜美的回報了。

相反的，若是公司經營不善，也沒有正常投資人會承接股票。除非市場上有一些專收「垃圾級」股票的投資人，會以很低的價格購入；賭一把，看看公司能否起死回生，那就划算了。

IPO後

若是公司已經IPO，就不允許私下轉讓股權。必須在公開市場中，由有意願承接者競價成交。因此，**無論交易對象、條件、股價都不允許買賣雙方私下議定**，否則即成立「內線交易」的罪名，可是要坐牢的。

再者，大股東出讓股權的消息極易搖動市場人心，形成對公司不利的影響。所以在IPO後，主管機關會要求「閉鎖期」——通常是兩、三年，持股超過一定比例的大股東不得出售股票。

無論是金錢上、物質上或者精神上，創業成功所獲得的回報都比一開始的投入要大得多。因此，很少創業家把公司賣掉後就退隱江湖、收山不幹了。大都會選擇下一個目標，繼續投資創業。從此開啓下一輪的創業生命週期循環。

競業禁止

文創業、科技業，主要的價值來源都是智慧財產。而智慧財產來自於「人」的創意。因此，只要人員變動，尤其是大股東創業家，通常會有帶走智慧財產的疑慮。

因此，通常這類公司會在公司章程、僱用契約中明列「競業禁止」條款——規範公司內的從業人員在離開現有職位後，或大股東轉讓股權後，一段有限期間內（比如五年），不得加入其他相互競爭的公司。雖然此類條款仍有影響個人自由（職業選擇權）的爭議，但若是違反競業禁止契約還是得

上法庭，相當麻煩，儘量避免為宜。

　　換個角度想，若是創業家把公司賣掉，再成立一家新的公司來互相競爭，雖然合法，但心態上、道德上都會有問題。為什麼呢？因為此舉損害了其他股東、投資人的權益。圈內很小，這種壞名聲很快就會傳開。下一次想創業集資，就沒那麼容易了。

重點回顧

- 創業百死一生：一年內就倒閉的失敗率高達90%。存活的10%中，五年內又有90%倒閉。
- 創業失敗根本原因：失控的燒錢速度。
- 創業家常見的錯誤不外乎三型：錯誤理解現金流入的方式與管道、低估成本、周轉金不足。
- 損益兩平意味著現金流入與流出相等的那個時間點。儘早讓公司達到損益兩平。
- 現金流量一直保持正值——這就是創業遊戲唯一的訣竅。
- 商譽、社會形象這種資產，清算時幾乎一文不值。
- 別的股東是「有限責任」，老闆卻是「無限責任」。
- 合法的討債方法就只有一種，拿著借貸契約去法院訴訟。一旦債權確立，債主可以要求法院「強制執行」拿你個人資產去拍賣；留下你生活所需後，從你以後的收入來源定期扣款。
- 蝨多不癢、債多不愁。
- 公司就像人生旅途中的公車。創業就像上車；到了目的地，就要下車。
- IPO之前，股票並沒有市價或公訂價格。只要買賣雙方合意，就能以任何

價格成交。

- 文創業、科技業，主要的價值來源都是智慧財產。而智慧財產來自於「人」的創意。因此，只要人員變動，尤其是大股東創業家，通常會有帶走智慧財產的疑慮。

- 無論是金錢上、物質上或者精神上，創業成功所獲得的回報都比一開始的投入要大得多。

 習題

1. 你看過「跳樓大拍賣」嗎？將你所有的資產按流動性好壞排列，做一張表來。

2. 上網搜尋台灣地區對於「競業禁止」條款的案例，作一份簡短的報告。

第三篇

金融商品：讓錢來實現文創夢

本篇屬於進階的課程，除了日常的財務管理以外，你一定還有關於文創事業的夢想吧？

那麼，就要學習有關金融商品的知識，以及最新運用在文化創意產業的想法與潮流。

第九章「金融市場與機構」介紹金融機構的類型，並且說明利率、風險與市場的關係。其中最重要的是理解「效率市場假說」（EMH）的內在意涵，對於個人與公司理財都有莫大的助益。

第十章「股票市場」則介紹最流行的投資商品「股票」，並且說明股票交易的規則與方式，簡介股票投資的心法。最後，則是行為經濟學對於投資的最新研究成果，提供同學參考。

第十一章「債」先說明「財務槓桿」與「稅盾」的原理，破除一般人對債務敬而遠之的觀念。然後從企業融資的角度，介紹債券、債券市場與評價方式。最後則介紹民間借貸的方式，以及借貸的哲學。

第十二章「保險與基金」分別介紹這兩項金融商品的性質與原理。重要的是其運作方式如何應用在文創產業實務上。最後則介紹電影產業的完工保險。

第十三章「衍生性金融商品」是本書的特色章節，介紹2008年金融風暴後，人人畏之如虎的衍生性金融商品的「光明面」。以及目前文創研究的最前緣對衍生性金融商品應用的一些思考，包括社會債券。

第9章　金融市場與機構

> 金融市場不屬於道德範疇，它有自己的遊戲規則。
>
> ——索羅斯（George Soros，金融巨鱷）

「金融市場」（financial market）是人們交易金融商品（financial product）的場所。

主要的金融商品有兩種類型：「股票」（stocks）和「債券」（bonds）。另外，還有各式各樣的衍生性金融商品（DFP, Derivative Financial Product）。我們將逐一介紹。

時至今日，已然不見得有老電影中常看到的實體交易所，也沒有交易員拿著單據振臂喊價，大部分的交易都是透過網路進行，交易雙方在電腦、手機螢幕上點兩下，在「雲端」就完成了。通常，買賣雙方根本沒見過面，互相也不認識。也因此，市場規模和範圍不斷擴大，交易量也大得驚人，一天之內，整個國家的財富翻了幾番，也是常事。古時候用「傾國傾城」來形容美女；現代，用來形容金融市場倒是很貼切。

一般投資人交易金融商品的目的是「投資」：以現金（或等價物）換取金融商品，期待（但不一定）能獲取更多的現金。而**企業交易金融商品的目的是「籌資」：以金融商品換取現金，來支持公司營運；賺得更多的錢，然後再回流到投資人手上去。**

你可以退後一步，去觀察市場裡的交易和金流的循環。說穿了，就是有一些人（包括法人與自然人）拿一些「紙」去換取金錢。賺到了錢以後，再分給另一些人。在第一章我們就曾經說過，金錢只是一種想像物，並沒有實體。在學完這一章以後，

你應該也會發現，金融商品的本質也是想像物，沒有實體——那些「紙」也不一定是紙做的，只有一堆資訊的流動罷了。所以老師常說：**「想像力最值錢」**，沒有騙你。

第一節　金融機構

「金融機構」（financial insitution）是指從事金融服務業的銀行、證券公司、保險公司、信託投資公司、基金管理公司⋯⋯。大致分為下列功能：

(1) 接受存款，並將資金轉變或組合成為其他類型的金融商品。這是最重要的類型，一般商業銀行屬之。另有所謂的「投資銀行」，不接受一般散戶投資人存款，只接受大筆存款，進行投資。

(2) 經紀與交易：代表客戶進行金融商品交易，並提供結算服務，如證券公司。有的也自己交易金融商品，稱之為「自營商」。

(3) 承銷：幫助客戶創造金融商品，並販售予其他投資人，一般稱之為「承銷商」。大部分的證券公司除了經紀與交易以外，也有承銷的業務。

(4) 諮詢與信託：幫客戶管理金融資產（投資組合）、並提供投資建議。基金管理公司、信託投資公司、金融顧問公司屬於此類，一般銀行與證券公司也都提供類似功能。

第二節　利率、報酬與風險

 效率市場假說

「效率市場假說」（Efficient-Market Hypothesis，縮寫為EMH）是由經濟學大師尤金・法馬（Eugene Fama）於1970年提出的。用來分析解釋金融市場

的總體現象，以及投資人的個體行為模式。

在解釋之前，請各位同學務必瞭解，經濟學家為了解釋極複雜的社會現象，必須進行假設，將變因控制在一定的範圍內，才能推論出有意義的因果關係。因此，在實際應用上，不見得全符合理論的描述。我們最好把理論當成理解現象的基礎，視需要靈活應用就可以了。

效率市場假說定義是：如果在金融市場中，商品價格可以完全反映所有可獲得的資訊，那麼就是效率市場，否則就不是。

要理解EMH，先要理解「套利」（arbitrage）行為：如果一項商品在不同市場中有價格差異，那麼某人就能**從價格比較低的市場買進，在價格比較高的市場賣出**（先後順序無所謂），無風險賺得其中的價差。我常舉一個例子：十五年前我在台南東門圓環看到有人在賣一隻150元的烤鴨。心想，台北當時烤鴨最便宜也要350元。如果有同學勤奮一點，每天從台南買一百隻烤鴨，坐火車上台北去賣。扣除些微的成本，每天就可輕易地賺進將近2萬元，收入比部長還要高好幾倍呢！

套利要能成功，關鍵在於「資訊」——你得知道台南有便宜烤鴨賣才行。我們先不考慮交易中間那些微的成本，繼續推論下去，假設很多人看了這本書，知道台南的烤鴨便宜，也就是都得到了價差的資訊，會發生甚麼事？一定會有很多人去台南買烤鴨，想帶去台北賣對吧！那麼，台南的烤鴨必然價格上漲，台北的烤鴨必然價格下跌。用不了幾天，價差就會被彌平，兩地價格變得差不多，再也沒有套利的空間。

也就是說，只要資訊在市場上傳播開來，套利行為就會把價差彌平。再換句話說，就是商品價格反映了可獲得的資訊——這就是效率市場假說。

在金融市場上，「交易成本」（transaction cost）——包含資訊獲得的成本、媒合成本⋯⋯更低，因此套利行為會更明顯，更有效率。一旦商品的價格資訊被揭露，就會以「光速」（別忘了現在都是電子交易）傳播到整個市場，迅速地反映在價格上。還記得911事件嗎？恐怖分子劫持客機撞上世界貿

易中心，股市「瞬間」崩盤——這就是效率市場假說的鐵證。

再進一步推論：假設市場「有效率」，就代表所有的資訊已經充分反映在價格上。我們看到的市場價格，完全不受「既有」資訊左右，它只是不受控制的隨機變動罷了。那麼，無論你是碰運氣、或是根據內幕消息（明牌）、或是根據某種超級厲害的技術分析工具來選擇投資組合，全部都無效（都是騙人的）——其實，這暗合了量子力學中的「測不準原理」，有興趣的同學可以進一步深入研究。

根據效率市場假說，股票市場上有「隨機漫步」假說：股票價格只是無意義的隨機上下變動，不可預測。還有學者做了實驗，請最厲害的股票分析師和財經專家來選股，和抓一隻猴子來射飛鏢亂選比較，結果，猴子的投資績效勝出。

效率市場假說優越之處，就是它不假設投資人是理性的，**市場價格「自有生命」，它本身就是合理價格**。金融市場裡隨時都有成千上萬的投資人——有的瘋狂、有的明智；有的短視、有的有遠見——他們「自以為是」的運用手上得到的資訊來做買賣。對資訊可能反應不足、也可能反應過度。但沒關係，價格本身就是資訊，如果價格被推得太高，一定會有其他人看到套利的機會，迅速地賣出，價格「自然」就會被推回合理的價位；反之亦然。

【範例35】黑天鵝效應

人腦的設計傾向「尋找模式」，只要一個現象產生，就會千方百計為它找一個合理的解釋。比如古時候的人，就會把打雷解釋成雷公發怒；地震解釋為地牛翻身；大凡有災害發生，就說是觸怒神明。因此，人們對於隨機現象反而沒有「抵抗力」。明明市場價格就是隨機變動，電視名嘴分析師正經八百的編個因果關係解釋，順便還預測一下未來走勢。就會有很多人買單。

有人說，宇宙的終極規律就是「隨機」。比如說地球的誕生、人類的演

化……真的是偶然中的偶然，隨機又隨機。隨機現象真的是「隨機」，一般小事比較常發生，不代表罕見的大事不會發生——這叫做「黑天鵝」事件：我們看到池塘裡的天鵝都是白的，不代表世界上沒有黑天鵝——市場價格平常都會因為隨機發生的小事微幅波動；但有時就是會發生驚天動地的大事，導致價格劇烈變化。比如恐怖攻擊、政黨輪替、自然災害、疫病流行……。就我個人的經驗而言，「好的不靈壞的靈」，很少會有好事會讓價格快速上漲，卻時不時有壞事會讓價格迅速下跌。投資一定要小心。

法馬教授更深入地闡述效率市場假說，分作「弱式」、「半強式」、「強式」等三類，請有興趣的同學自行深入研究吧！

最後，效率市場假說也暗示了一個事實：只有創新才有價值。

為什麼呢？因為只要是既有的商品或投資機會，都已經是歷史訊息。不可能為投資人帶來長久的利潤來源。只有創新，才能使投資人擁有獨一無二的利潤基礎，有機會打敗缺乏創新資訊的市場。

📖 再深入瞭解r

在「金錢的時間價值」那一章，我們看到了r的作用，它會使得金錢隨著時間貶值。當時，我們暫且把r當作「利率」來解釋：就像你把錢存在銀行，會生利息，r就是生利息的比率。

然而，r並不是這麼簡單的東西。本書寫作精神是儘量不使用數學證明，用推理的方式來思考看看——

首先從利率的角度看，金錢有機會成本，你把它放在床底下不動用，它就和廢紙沒兩樣。把錢存進銀行是會生利息，但每一家銀行的利率都不盡相同；甚至，同一家銀行裡，存款和貸款的利率也不同；甚至，各種存款間，如定期存款與活期存款的利率也不同。那麼，要用哪一個利率來當作r呢？

這樣推理：假設市場上所有你找得到的利率中，r_{max}是其中最高的。你若

把錢放在一個利率比r_{max}還低的方案中，那你所能獲得的利息一定不是最高，相當於你放棄了最佳的投資機會（機會成本最高）。因此，合理的做法是，你必須把錢放在利息最高的選項中。也就是說，**你所能找到最高的利率就是應該使用來評估投資的r。**

等一下，那假設有另一個人找到的r比你找到的r還要高怎麼辦？比如銀行放款（相當於銀行把錢存到貸款人帳戶去）的利率，一定比你存款的利率高。那代表銀行找得到比你還棒的投資機會，他的機會成本比你低（也就是銀行「打敗」你了）。相當於，你的錢也沒有配置在最好的投資項目上。隨著時間過去，複利作用會越來越明顯，你就越輸越多了——這才是貧富差距的成因。

好，那再假想有一位金主，手上有一筆錢要投資，他要投資你呢？還是投資擁有比你高的r的銀行？這答案很明顯吧！一定是投資到更高的r項目去。比照這樣推理，可以得到：聰明的錢（smart money）一定會跑到市場中最好的利率那裡去，**市場中最高的利率就是用來評估投資的r。**

從以上的推理我們可以知道，r不僅是利率，還是市場中最高的利率。它也不僅是個人隨手找到的利率，而是得和市場中其他所有投資人（方案），相互競爭比較得來的最高利率。也就是說：**一個人不可能自外於市場競爭，**自己喜歡怎樣就怎樣！你不想找市場，市場也會找上你。

不知你有沒有發現，此處的r也含有「報酬率」的觀念——利率是由投資報酬率來的——銀行收取存款，一定得要想辦法投資出去，來獲取比存款利率還高的報酬率才行。否則，銀行勢必要虧錢。反過來推論，銀行所能提供的存款利率，是由其所能獲得的投資報酬率而決定。因此，各家銀行（金融機構）的利率才會有高有低。

利率就是資金的價格。根據效率市場假說，利率資訊會在市場中傳播，使得價差漸漸彌平（或接近彌平），終於達到均衡。**所有投資人在評估投資項目時，都應該要求市場最好的投資報酬率，否則，相當損失機會成本。**

風險與投資組合

這時候同學一定產生疑問：可是實際現場觀察，明明每個投資人（金融機構）要求的投資報酬率都不一樣，利率也不一樣，r也不一樣！

你可以設身處地去想：假設你擁有一筆資金，也知道某金融機構提供一項r非常高的投資機會。你會毫不猶豫馬上投資嗎？

十之八九不會。你心裡一定會問：「好到不像是真的，該不會是騙人的？不知道這項投資安不安全？」於是資金會停留在r比較低但是比較安全的選項。

換句話說，你不但要求高投資報酬率，還要低風險。再換句話說，r應該把風險考慮進去。

「風險」（risk），也是發生損失的可能性，與發生特定事件的機率有關。因此在傳統的財務管理課本中，一定有專篇專章專講「風險管理」，用機率函數來計算處理風險。

但，在此我並不打算這麼做。因為，這做法必須假設風險發生的機率有特定的分布模式，比如「常態分配」（normal distribution）──兩邊低，中間高；小輸小贏比較多，大輸大贏比較少──這不見得符合現實市場的觀察。其次，前面曾經談過，人腦不擅長處理隨機事件。統計方法所得到關聯性，常被錯誤解釋為因果關係，那反而更糟。

財務管理這門科目沒辦法教你如何趨吉避凶，只關心「萬一」意外發生了，如何將損失降到最低。在觀念上，最重要的是要知道，未來不可知，所有的投資一定有風險，那就必須用更多的錢來補償（貼水，premium）：投資高風險項目，一定得要求較高的投資報酬率，否則沒必要冒那個險；而投資較低風險的投資項目，要求的投資報酬率就不必那麼高。比如投資新創公司，風險超高，那就得要求非常高的投資報酬率（我看過有人估1,000%的）；比如像銀行存款，幾乎沒風險（台灣還有存款保險），那投資報酬率

自然就很低了。（現行大約只有1%-2%）

財管金律：**高風險高報酬，低風險低報酬**。

風險無法避免，但可以設計金融商品來分散風險，降低意外發生時的損失或作適當的補償。最常運用的方法，叫做建立「投資組合」（Portofolio）。

投資組合是指混合投資不同風險程度的資產（又稱「分散風險」），以期降低平均風險。俗話叫做「**別把雞蛋放在同一個籃子裡**」。

省略數學證明：有的資產價格波動很大，比如選擇權、期貨；有的資產價格波動很小，比如債券、黃金。假如能把原本計畫投資在單一項目中的資金，分散開來投資在不同波動程度的資產上，那當然會得到波動程度介乎「最大」和「最小」極端值，比較「中庸」的結果——這就是分散風險的原理。

因此，在事前不確定風險程度的狀況下，通常會建議投資人要建立「投資組合」。可以分成幾個層次來談：

首先，在個人資產配置上有個「三分之一法則」（經驗法則，rule of thumb，非科學法則）：所有收入的三分之一可以拿來應付日常開銷；三分之一儲蓄；三分之一用來投資。

圖18　資產配置三分之一法則

其次介紹個人收入來源的三分之一法則（也是經驗法則，非科學法則）：個人的薪資，也就是勞動所得，最好占所有收入的三分之一；另外，要有主動投資的收入，如炒股、炒房……，最好也占三分之一。因為這種積極性投資，可以保持你不被市場打敗；最後，要有資本利得的被動性收入（不用工作也會有），如房租、股息、債息、存款利息……，最好也占三分之一（以上）。因為這部分是安全性的保障，人有旦夕禍福，萬一有一天你沒法工作賺錢了，最起碼還能靠這筆過活。（當然，要做到這一點難度頗高，連我自己都達不到。但，人總要有理想嘛！有了理想，努力朝這個目標前進就是了。）

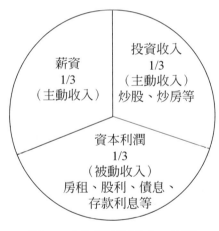

圖19　收入來源三分之一法則

然後，細談資產配置的投資組合：高風險（衍生性金融商品「通常」較高，如期貨、選擇權……）、中風險（股票、債券……）、低風險（黃金、土地……），最好都配置一點。

在同一類的資產中，最好也有高低風險程度的組合。比如投資股票，要

混合配置高風險的小型成長股和低風險的大型績優股。

　　最後要提醒的是，投資組合是「事前」不確定風險程度才需要分散風險。若是在投資之前，就已經確定項目風險很低，又能滿足投資報酬率的要求。那當然要「孤注一擲」，集中投資。沒必要建立投資組合。

【專題】行政院「金融挺創意產業專案計畫」

　　行政院於2014年推出「金融挺創意產業專案計畫」，讓我們一起從新聞稿來理解吧！

　　首先，政府談到創意產業所遇到的融資困難：

　　97年魏德聖導演的電影《海角七號》，締造了新台幣5.3億的票房，至今仍是臺灣電影史上最賣座的國片；102年創下台灣紀錄片史上最高票房的《看見台灣》，導演齊柏林購入專業設備空拍，不只感動了許多人，也引發國內重視國土保育的熱潮。

　　這兩位憑著熱血與執著完成夢想的導演，在電影賣座創新高風光的背後，回想起籌資階段，皆吐露辛酸——魏導演為拍片負債3千萬、齊導演投入所有積蓄，兩人都拿房子去抵押貸款。試想，如果當時他們能有更多「金援」的投資，情況該會大不同吧！

　　接著，分析了問題的成因：「無形資產鑑價困難」。

　　我們都知道買房子辦理房屋貸款時，究竟銀行貸不貸，又或願意貸的成數是多少，除了取決予貸款人的信用、還款能力外，另外很重要的一部分是貸款擔保品。擔保品必須於市場有一定的價值，銀行才能綜合估算可貸的數額；做生意也是同樣的道理，在投資前，一定會先評估可獲的利潤、可能的風險等。而相較於有形的東西，無形的創意又該如何鑑價呢？……

鑑價困難進一步導致銀行授信困難。

由於「創意」鑑價不易，在「產業化」與「價值化」過程中，常讓銀行難以進行授信評估。目前我國銀行對創意產業的授信多集中在「電視傳播」、「有線及其他付費節目播送業」、及「電腦系統整合服務業」等事業，主要原因是因為這些事業營業現金收入穩定，比較容易獲得貸款。

然而依《文化創意產業發展法》規範的文創產業共有16種之多，其中多數產業除了沒有固定的資產可充作抵押品，所創造出來的「無形資產」，也難得到合理的評價，若企業本身也沒有具體的財務數據支持、沒有適當的信用強化（例如人或物之擔保）機制，便不易向銀行取得融資。

中小型、微型企業融資更加困難。

……台灣創意產業企業多屬中小型、甚至微型創作者，其中更有近6成創業者資本額不足新台幣100萬元，這些企業主對取得暢通的資金融通管道需求也較迫切……。

政府計畫的解決方案如下：

……金融監督管理委員會（以下稱金管會）在「金融挺創意產業專案計畫」中，是透過「教育訓練」、「資金專案」、「輔導平台」及「配套措施」等方案，來協助金融與創意產業達到雙贏。另外，文化部建置的雲端「文創咖啡廳」媒合平台，也是希望讓創意與創投業者能以輕鬆開放的方式瞭解彼此，並開辦文化創意產業優惠貸款，供業者申請。

這四類方案的內容比較長，限於篇幅，且讓我摘要表示：

第一、教育訓練：籌辦文創產業相關論壇，要求金融機構參與。透過銀行和壽險公會（即金主）提高對文創業調查和研究的資源。

第二、資金專案：請中小企業信用保證基金將保證成數提高，放款餘額（所有可貸的金額）提高到2,000億。並開放保險業可以投資「文化、教育之保存及建設」項目。請櫃買中心列出「文創類股」（詳見第三章專題）吸引投資人。

第三、輔導平台：請四大金融機構公會（創投、銀行、證券、壽險）成立單一聯合服務平台，提供文創業者免費財務規劃專業諮詢服務。

第四、配套方案：「獎勵本國銀行辦理創意產業放款方案」，由金管會依據銀行辦理創意產業相關融資成效，提供績優者行政獎勵（如增設分行營業據點等）。

最後，終於談到了正題「鑑價服務」：

……請了台灣金融資產服務公司提供創意產業的鑑價服務。在第一階段裡是先建置影、視、音樂產業資料庫，再受理鑑價委託……
（以上引文來源均為行政院新聞稿[1]）

接下來，我們來深入追蹤台灣金融資產服務公司（簡稱「台灣金服」）提供的「文創產業無形資產評價服務」。在簡陋的網站[2]上，我們可以找到申請表件和聯絡方式。以往是免費服務，現在則要收費。其整體流程大約需一個月，大致如下：

(1) 安排時間洽談：類似約見創投的meeting。

---

1 https://www.facebook.com/ey.gov.tw/posts/859240934103787

2 http://www.tfasc.com.tw/front1/index.asp

(2) 提出評價申請：製作BP（詳見第六章「創業投資」）。

(3) 簽訂委託契約：簽約交錢。依案件規模大小，至少2萬元以上。

(4) 辦理評價作業：審閱資料、蒐集市場資訊，然後請專家評價。

可以發現，也沒有建立起所謂的「評價標準」啦！專家說了算（也就是像我這種人）。老實說，這並非長久之計啊！

根據台灣金服提供的資料，透過這個機制評價成功並獲得金融機構貸款的案例，大都是「電視劇」籌拍。如「我的這一班」、「金鐘劇展二部曲」等[3]。這是因為電視劇的主要收入來源是廣告和廠商贊助等[4]，現金流可以事先確定，利用NPV, IRR相對容易評估。

實施近兩年後，終於有第一件億元級案件誕生[5]。據悉是一件「設立文創園區」的貸款案——這種案子鑑價相對簡單，因為其主要價值來自於土地、建物和設備等有形資產，就和傳統產業貸款差不多。

繞了一圈，一切又回到原點。還是沒有解決無形資產鑑價的問題。

重點回顧

- 主要金融商品有兩種類型：股票和債券，其他都算衍生性金融商品。
- 一般投資人交易金融商品的目的是「投資」：以現金（或等價物）換取金

3　工商時報2016年1月9日報導　http://www.chinatimes.com/newspapers/20160109000102-260205

4　詳細請參見《文化創意產業理論與實務》第10章「電視製作產業」。

5　工商時報2016年1月9日報導　http://www.chinatimes.com/newspapers/20160109000102-260205

融商品，期待（但不一定）能獲取更多的現金。

- 企業交易金融商品的目的是「籌資」：以金融商品換取現金，來支持公司營運。
- 想像力最值錢。
- 「效率市場假說」：如果在金融市場中，商品價格可以完全反映所有可獲得的資訊，那麼就是效率市場，否則就不是。
- 套利：如果一項商品在數個市場中有價格差異，那麼某人就能從價格比較低的市場買進，在價格比較高的市場賣出（先後順序無所謂）。無風險賺得其中的價差。
- 市場價格「自有生命」，它本身就是合理價格。
- 一個人不可能自外於市場競爭，自己喜歡怎樣就怎樣！你不想找市場，市場也會找上你。
- 評估投資項目時，應該要求市場最好的投資報酬率，否則相當損失機會成本。
- 套利要成功，關鍵在「資訊」。
- 效率市場假說暗示：只有創新才有價值。
- 好的不靈壞的靈：很少會有好事會讓價格快速上漲，卻時不時有壞事會讓價格迅速下跌。
- 財管金律：高風險高報酬，低風險低報酬。
- 建立投資組合，別把雞蛋放在同一個籃子裡。
- 個人資產配置三分之一法則：三分之一應付日常開銷；三分之一儲蓄；三分之一投資。
- 個人收入來源三分之一法則：勞動所得占三分之一；主動投資收入占三分之一；資本利得的被動性收入占三分之一（以上）。
- 若確定風險低又能滿足投資報酬率的要求，當然要孤注一擲，集中投資。

習題

1. 你最常往來的金融機構有哪些？分別經辦那些業務？而其中，有哪些你使用過？哪些你沒有使用過？

2. 日常生活中，你是否曾發現同樣的商品在不同市場有價差？是否有套利的空間？

3. r的存在使得每個人都無法自外於市場競爭。你最想從事的文創工作，有哪些人是你的競爭者呢？你想要如何與眾不同，從競爭中勝出？

第10章　股票市場

市場就像上帝一樣，幫助那些自助者。

但是和上帝不同的是，市場不會原諒那些不知道自己在做什麼的人。

——巴菲特（Warren Edward Buffett，股神）

第一節　股票的性質

「公司」（company）從字面來說，是一群投資人（股東）出資，組織用來加值的企業體，以從事營利行為，獲取盈餘。股票，就是股份的憑證，表彰這一群股東對公司的所有權。股東會的時候，股東按持股數量投票（一股一票，非一人一票），以多數決做出公司的經營決策。也就是說，擁有越多股票（不一定是出越多錢），權力就越大。這一種權力，就叫做「股權」。

股票分為「普通股」與「特別股」兩種，特別股的權利義務以契約明訂，種類繁多，在此先不討論。而普通股有以下特性：

(1) 最早進入，最晚退出（first in, last out）：公司的資本形成，第一筆資金是由股東買入股權而來；而公司清算解散時，股東最後拿到剩餘價值。

(2) 盈餘分配：公司的盈餘，按股份比例分配。

(3) 剩餘價值分配：公司清算時，普通股最後拿到現金（假設還有的話）。

(4) 有限責任：股票上的股份數，代表對公司清償債務的有限責任。普通股股東，最慘就是手上的股票價值為0。股

第10章　股票市場　179

東個人的財產則獨立於公司之外，受到保護。

(5)（間接）公司管理：選舉公司董事，董事長，進而任命經理人。

(6) 新股認購權：公司增資發行新股時，股東有優先按比例認購的權利。

公司成立之初及每次增資時，都可以出售股權來融資，也就是發行股票。換個角度想，這就像從印表機印出一張紙，上面寫著公司名稱、股份和董監事的名字就能拿出去換現金了。近年來主管機關推動股票「無紙化」，甚至連那張紙都不需要，只要在股東的股票帳戶中，加個數字就行了。

除了以上，一般投資人交易股票的主要目的是獲得「價差」，和想參與公司經營沒太大關係。所以不如乾脆直接把股票當作一張「紙」而已，更容易理解股票交易的本質。

在台灣，股票交易的單位是「仟股」，也就是一張股票代表1,000股，不足1,000股的部分就被稱為「零股」。因此，假設股票的市價是50元（表示為@50），買進「一張」就相當於1,000股，共需花費50×1,000 = 50K元。以仟股為單位，有時換算起來很不方便。多年來，有識之士一直在推動變革，比照美國以1股為單位來交易，遲遲沒有進展。

沉沒成本

在法律上，股權投資是一種「沉沒成本」（sunk cost），與「債」完全不同。也就是說，股權投資「拿不回來」，就像沉沒了一樣。

在古老的東方，並沒有「公司」的概念，所有營利機構都是「私家的」：不是自己或家族獨資，就是合夥生意。所以，股東若參與經營不愉快，隨時可以向「老闆」要求「退股」，把錢拿回來。

而「公司」這個觀念是從歐美西方引進來的，公司屬於所有出資的股東，並不是屬於老闆私人。而且，絕大部分的公司都是「有限公司」，基於權利義務對等的普世原則，股東僅就其出資部分負責任，也就僅擁有其出資部分的權利。這一部分的權利義務，是「銀貨兩訖」，出資以後就不能「退

換貨」，不能反悔也不能變更。因此並沒有所謂「退股」這一回事。

　　一旦購買股票，成為股東，錢就拿不回了，只能轉賣給別人。這也是一種對股東的保障：如果公司賺大錢，比原來出資的錢還多，可以確保有出錢的股東都能分到他應得的一份（盈餘請求權）。否則，若老闆見錢眼開，要求股東退股，不就虧大了？

　　另一方面，「不能退股」的規定也是對創業家的保障。創業路上充滿風險，要是苗頭不對，股東還要求退股，公司垮下了就完蛋了，天下沒有白吃的午餐，股東想穩賺不賠，沒那個道理。

第二節　股票交易

　　股票是一種「有價證券」，在學理上，分為幾個市場：

(1) 初級市場（primary market）：是指初次發行證券的市場，大都無法公開募資。公司是證券的賣方，透過交易籌措資金。投資人則是買方，透過交易投資公司。

(2) 次級市場 （secondary market）：公司在初級市場IPO公開將有價證券賣給一般投資人後，投資人之間互相交易股票的市場，稱之為次級市場。主要的股票交易市場都是次級市場。

(3) 私下募集：與特定人買賣證券，簡稱為「私募」。IPO以後，私募必須經主管機關核准。

(4) 自營商（dealer markets）：為自己買賣，風險自負。通常又稱為「店頭市場」或「櫃檯市場」（OTC, over-the-counter markets）。大部分的債券交易都是在櫃檯市場進行。

(5) 拍賣市場（auction markets）或交易所：具有實體的交易地點，如著名的華爾街、紐約證券交易所NYSE、台灣證券交易所……。拍賣市場的主要目的是撮合交易雙方，近年來，資通訊技術發達，實體市場

的重要性已經被電腦主機取代。大樓和辦公室僅具有象徵性的意義。最著名的電子報價交易平台，大概是NASDAQ。

在台灣，集中交易市場又可分為兩個層級：上市、上櫃，最主要的差別在於公司規模、交易場所、上市（listed）條件等，實際上進行交易的方法都差不多。另外，為了促進中小型創業公司的股票交易，還有所謂的「興櫃」市場，可以由證券公司自行撮合交易。

想買賣這些股票，可以拿著有效證件到證券公司去開戶，手續和銀行開戶差不多，相當簡便。資本雄厚的投資大戶，打通電話，證券經紀人就會到家服務，那就更方便了。實際交易最主要都是透過網路下單，簡便、快速又有效率。已經很少看到有人親自到證券公司去「臨櫃」交易，或者打電話給交易員下單了。

📖 作多與放空

大多數的股票交易，都是為了獲取價差。有兩種基本策略：

- 多方（long position）：又叫做「多頭」、「作多」。先買後賣——投資人先買進股票，「期待」價格上漲，再賣出股票，獲得價差。（不一定會如願。）舉例而言：買進開心文創1K@50，共支出50K；等到上漲至@55賣出，共收入55K。即賺得價差55K － 50K ＝ 5K。但是，若開心文創跌至@45，作多就會賠錢了。

- 空方（short position）：又叫做「空頭」、「放空」。先賣後買——投資人先賣出股票，「期待」價格下跌，再買進股票，獲得價差。（不一定會如願。）舉例而言：賣出開心文創1K@50，共收入50K；等到下跌至@45再買回，共支出45K。即賺得價差50K － 45K ＝ 5K。但是，若開心文創漲至@55，放空就會賠錢了。

初學者到這裡一定會有疑問：想作空的話，手上又沒股票，要如何先賣出股票呢？

這裡是學投資很重要的觀念，請一定要劃重點搞清楚：

手上沒有股票，你可以去借啊！先借來賣出，以後再買回來還就好。

要知道，有買就有賣，買賣一定是「成對」的。術語叫做「零和」（zero-sum）。

你想想看喔，根據「物質不滅定律」，只要有人賣出股票，一定代表有人買進股票。股票一定在某人手裡，不會消失。

那麼，想要借用股票時，只要找到手上有股票的人就行了。**借錢還錢，借股票就還股票。**

在實務上，多方買進股票時，根本也不會真的拿到一張股票，而是在帳戶上添了一筆股票庫存的數字而已。股票本身寄存在證券商的帳戶中。（請想一想，根本沒有股票那張紙喔！）

因此，當空方想要賣出股票，手上又沒有股票時，只要向證券商「借」來賣出就可以了。以後，再找機會買回來還。（當然，實際上還有一些借券的手續和費用，小到可忽略，真要交易時，營業員會幫忙處理。）

——有買有賣，有借有還，交易就完成了。零和遊戲。

據統計，市場中有八成以上的投資人都只會作多，完全不會作空。那是因為傳統的錯誤觀念：覺得作多才是「好人」，放空都是「壞人」（禿鷹）。就連政府主管機關都沒法擺脫這種思維模式呢！

其實，**作多和放空只不過是相反的操作方式而已，根本沒有好壞可言，不應該加諸以道德判斷**。如果在該放空的時候作多，在該作多時放空，那才是愚不可及吧？同學應該自行獨立思考判斷，勿隨坊間說法起舞。

融資與融券

在股票市場上，也可以運用財務槓桿。這種操作方式，叫做「融資」與「融券」。

「融資」意指借錢買股票。舉例而言，如果要買進開心文創10K@100，

共需1M現金。證券商可以融資7成，也就是你只要出3成（300K）就可以了，剩下的七成（700K）向證券商借。所買進的股票就當作抵押品，掛在帳戶上，標示為「融資買進」。

借錢當然有利息，大致會在年息20%左右，以日計息。賣出股票時會自動還款結算，稱之為「融資賣出」。續上例，假設賣出開心文創10K@105，將收入1.05M，其中700K加一點點利息（可忽略不計），會還給證券商；剩下的1,050K－700K＝350K是淨收入；再減去當初支出的300K，等於投資人淨賺50K。這利潤相當於價差（@105－@100）造成的利潤，也就是說，投資人可以忽略中間的融資買進和賣出過程，和自己全部用現金交易的結果沒兩樣。

相同的，假設股票價格下跌會造成損失，算法一樣，請自行操作。重要的是，我們要來分析財務槓桿帶來的效果。在本例中，投資人只要自備30%的資金，就可以操作100%市價的股票，投資報酬率是 50K/300K＝16.7%。若不使用槓桿，投資報酬率只有 50K/1,000K＝5%，三分之一不到。

同理，若在虧損的情況，槓桿也會放大虧損到三倍以上。也就是說，財務槓桿的作用會「放大賺賠比例」，豈可不慎乎？

假設融資虧損得很嚴重，開心文創的價格持續降低到@70。那證券商會很緊張，因為抵押品的價值即將不足。債主會先發出「追繳令」，寄掛號信要求投資人補繳保證金，讓抵押品的價值上升。但是要知道，大部分的投資人當初就是因為自有資金不足，才會去融資。現在虧損了，豈有餘力再繳入保證金？

接下來就會變成「斷頭」。趁還有些價值，債主逕行將你抵押的股票賣出，換回現金抵銷債務。此時應該所剩無幾，是名符其實的血本無歸。

在股市全面下跌的時候，上述哀鴻遍野的場景還蠻常見，同學可以多加留意。

「融券」，和融資正好是相對性的操作。融券是「借券來賣」，當投

資手上沒有股票，就向證券商借用庫存的股票來賣出，以後再買回。借東西當然需要抵押品，在這裡，抵押品是現金。舉例而言，你想要借用開心文創10K@100，依規定先要質押120%的現金，也就是1.2M。質押比例通常比融資高非常多，是因為政府刁難空方，以法律規定增加借券的難度，理由同上述的迂腐思維。借到券以後，立即賣出，得款1M。此時注意，這筆錢不會進入你的現金帳戶，一樣會被證券公司扣留。以上過程稱之為「融券賣出」。

有借就有還。未來有一天，你會需要將這批股票買回。假說此時開心文創@95，你可以執行「融券買回」，再花950K買回10張，然後馬上還給證券公司。證券公司就要退還你當初質押的1.2M，加上扣留的1M。於是，你就可以賺得1M − 950K = 50K。

你只要仔細一想，就可以發現，融券一樣是利用財務槓桿，只不過過程稍微複雜罷了。也一樣會被槓桿放大賺賠的比例。融券虧損時（也就是股票大漲），證券商一樣會發追繳令，追繳不足則斷頭。

一些規矩……

接下來要介紹在股票交易實務上，一些不可不知的規矩。一定有人會說這輩子「絕對」不會玩股票，何必知道規矩？因此，我們會把重點放在瞭解規矩背後的財務原理，對經營事業與個人理財，都有很大的幫助。

股票市場是以投資人最優報價，依先後次序撮合成交。舉例而言，此刻開心文創有一批賣單報價@100，只要有買單報價超過@100，就會馬上成交。（賣出亦然）因此，市場的成交價會隨著買賣雙方的力量消長而波動。多方強，價格就會被往上推；空方強，價格就往下壓。在貫徹市場自由主義的國家，如美國，漲跌幅沒有限制，投資人儘可以用任何想要的的價位去報價，在市場上競爭買賣。因此，市場價格的均衡點，可以正確的呈現出股票的價值，也就是公司的真實價值。（效率市場假說還記得嗎？）

在台灣，和一些比較家父長保護主義的國家，會限縮股票市場的自由

度，股票每天的漲跌幅度有限制（目前是+－10%），即所謂的「漲停板」及「跌停板」。舉例而言，昨天開心文創收盤@100，今天上漲到@110漲停板。那麼，買方就不能以超過@110的報價買到任何的股票。（跌停板的道理一樣）此舉乍看之下，可以避免股價不合理的狂飆或崩跌，減少突發性事件的衝擊。但是，你可以再深入去想，假設此刻發生了如911般的重大事件，股價「必須」往下掉40%。不設帳跌幅限制時，幾小時，甚至幾分鐘就跌完了，投資人馬上會看到被低估的股票價值而進場買進，市場隨即恢復穩定。但若設了10%的限制，投資人就會每天看到跌停鎖死，沒有任何股票會成交，那恐慌就會更擴大，沒完沒了了。

另外，還有各式各樣名為「保護投資人」，但實為「干預市場」的措施，比如：「平盤以下不得放空」（股價低於昨日收盤價就不允許放空）。「不允許當日沖銷（Day-trade）」（當日買進又賣出不可以帳上相抵，都要現金交割）、「瞬間大量停止交易」、「禁止股價下跌」（嚇～～）……不一而足。但我們要記得，愛之適足以害之。學財務學經濟的人**信仰市場自由機制，不要期待政府干預市場**。

第三節　股市投資

「理論上」，股票的價格由公司未來所能獲得的現金流量以及資產清算後的殘值所決定，可以利用「資產資本定價模型」（CAPM）、「高登模型」（Gordon Model）……，配合一些預設的參數如折現率r，成長率g，風險係數……來算出公司的價值。

然而，交易實務上卻幾乎沒有人使用這些專家推出的理論模型。我們也不打算在此介紹。因為如果股票價格是一個公式算出來的固定值，顯然不符合在集中市場觀察的結果：股票價格幾乎是每分每秒都在變動。甚至有時還會出現不小的變動，無法以數學模型解釋。

當然，這並不是否定掉模型的價值。因為有了模型，我們才有「觀點」、才有「基準」（baseline）可以去觀察現實，並且思考為什麼會產生差異。就是這些差異所產生的問題，推進了人類文明的進展。因此，如果你對更深入的理論有興趣，應該從「投資學」入手，一定會有收獲。

📖 基本面分析

回歸主題，我們要從市場實務的角度，去看股票的「基本面」如何影響了股票的市價。

所謂「基本面」分析，簡單的來說，就是從公司財務報表上所能看到的數據去分析。資產負債表、損益表、現金流量表……這些表單，具體呈現出了公司經營的績效。尤其是上市公司，會計報表必須經過專業會計師簽證，「應該」沒問題。

這些財報資料都可以在台灣證券交易所的「公開資訊觀測站」（http://mops.twse.com.tw/）取得，分析方法我們已經在前面的章節講過，不再重複。

📖 技術分析

但是，買支股票還要從它所有的報表去分析資料，一般的散戶投資人大概不願意也沒時間做吧！別擔心，現在資訊技術很發達，從網站上可以很容易取得即時報價以及電腦整理算好的資料。如：Yahoo!奇摩股市 https://tw.stock.yahoo.com/。你可以在查詢框中輸入任一檔上市公司的名稱，如「誠品生活」，就會顯示出所有的價格資訊，以及相關的新聞。

我們常可以在電視上看到有所謂的「股票老師」在分析股票，他們最常用的分析工具叫做「技術分析」，你可以點入「技術」的選項，就可以看到：「K線圖」、「趨勢線」、「成交量」……等幾個圖表。其主要描述股票在一段期間內的價量變化，可以看出股價變化的「歷史」紀錄，甚至可以進一步解釋出一些價格趨勢、壓力或支撐區等等。我的建議是：「姑且聽

之」就可以了。

為什麼呢？歷史課本開宗明義一定會告訴你：「歷史無法預測未來。」你只能從歷史中去學教訓，而黑格爾的名言：「歷史給我們的教訓就是人們從來都不知道汲取歷史的教訓。」正可為註腳。

最後，要提供一些親身體會（花了好多學費），和四處蒐集來的「老手心得」：

首先，要玩股票，你先得要存到「第一桶金」。這遊戲從某種層面來說，不是公平遊戲，有錢的人輸得起，所以可以穩穩的理性投資，就容易賺到錢。沒錢的人輸不起，整日提心吊膽、心神不寧，就會承擔更高的風險，更容易賠錢。因此，準備基金很重要，一定要有足夠的錢才玩股票。

有同學會問：「第一桶金要多少？」

答案是看個人啦。股票有最低交易單位「一張」，所以要形成有意義的投資組合，也需要個幾十張，那麼新台幣1M跑不掉。

除了一些重大突發事件外，股價波動「真的」是隨機漫步，完全沒有章法可循——如果其變化有規律可循，就是「完全沒有規律」——永遠別忘了效率市場法則，如果真的有股票老師說的趨勢、規律或內線消息，那一下子就會被市場套利彌平，不會有價值。（好好讀財管真的很重要。）

其次，學文創要記得，**人是靠理性作分析，靠感性作決策**。不管再理性的投資人，進了市場，就像一群智力商數很低的小綿羊，聽任何風吹草動，就會驚慌失措。胡亂作交易決策，結果十有九虧，慘敗收場。也就是說，股市漲跌，多是心理成因。

接下來要知道：股市裡真的是「豺狼橫行」，江湖騙子有夠多，「養、套、殺」坑殺投資人的戲碼每天上演，千萬不要輕信。（這可是血汗教訓啊！）

回到本章的開頭，股票交易的目的是要獲取價差，一定要「買低賣高」（作多）或「賣高買低」（放空）才會賺錢；反其道而行，必定賠錢。鐵的

事實：要**在股價低時買進，在股價高時賣出**。絕不能在股價高時買股票，不可以在股價低時賣股票。

可憐世人碌碌，大都正好相反──股市狂熱、股價狂飆時，大家搶著要買股票；股市冷清，股價低落時，卻搶著賣股票──那不慘賠才怪。這也是在股市觀察到，大部分散戶都賠錢的成因。

要記得「反向操作」，股市很好，社會氣氛很樂觀的時候要想著「空」，至少強迫自己遠離，去玩去進修都很好，別碰股票。股市很糟、社會氣氛很悲觀的時候要想著「多」，至少強迫自己多看點財務報表，找出值得投資的標的。可保一生安康。

最後的最後，提醒大家，就像打球一樣，基本功最重要，你得練好運球、傳球、投籃，才能上場打球。說到底，股票價格呈現一家公司的價值。公司經營得好，股票價值就會高，努力學好財務管理才是正辦。

【專題】行為經濟學的投資啓示

庫倫・羅奇所著的《資本主義投資說明書》[1]中，從行為經濟學／財務學研究裡歸納了十種一般投資人所常犯的「偏差」（bias，也就是不當行為）。在此，我綜合了其他學者的研究成果，一併摘要介紹如下：

一、「過於自信」偏差：「多數人」傾向相信自己的表現「優於平均值」。（學過統計的同學，就知道這不可能。）因此，常常會忽略市場的複雜度以及別人的建議。「兼聽則明，偏信則暗」就是這道理。

二、「近期偏差」，又稱為「賭徒謬誤」、「熱手效應」：一般人傾向相信隨機事件最近的結果，會再重複出現。就像連續投籃命中二十次的選手，會覺得「手感很燙」，相信下一次也會中。但其實，每次投籃在機率上

---

1 《資本主義投資說明書》，p. 153。

都是獨立事件，與其他事件發生幾次、何時發生……完全無關。股價也是一樣，在沒有特殊事件發生的情況下，每天都是新的一天，和過去幾天的漲跌，完全無關。

三、處置效應

假設你買了A、B兩檔股票，隔天，A股漲了20%，B股跌了20%。請問，你要賣出哪一檔？（先寫下你的答案在紙上。）

實驗的結果，大多數的研究對象會選擇「賣出A，保留B」。

這也是市場中大多數投資人表現出來的行為模式──贏錢的時候，人會「風險趨避」，傾向於「獲利了結」。但輸錢的時候，反而更愛好風險，傾向再賭賭看會不會反彈，甚至加碼再賭下去。若沉靜下來想一想，就會發現這完全是「非理性行為」。大多數人居然把賺錢的金雞母A賣掉，而留下賠錢的B！甚至還買更多賠錢貨來養。

正確的做法，周潤發已經在電影《賭神二》中告訴我們了：「贏要衝，輸要縮。」

四、沉沒成本效應：我們花錢取得某項物品後，就會產生「都已經花了那麼多錢投資，所以捨不得放手」的效應。因此，我們會常看見有人死抱著賠錢的投資，直到輸光脫褲子。

五、固著效應：和沉沒成本效應有點像，人傾向固執地相信：已經賠本的投資，會回到原來的價位。

六、從眾效應：雖然人類在群體中會感到比較安全。但群眾是盲目的，你知道嗎？千萬不要說：「因為別人都那麼做，所以我也要那麼做。」投資還是要獨立思考才好。

七、「以偏概全」謬誤：看見部分，就以為全部都是。尤其人是情緒性的動物，當你覺得心情不好，就以為大家都心情不好。那可就大錯特錯了。

八、政治偏差：投資只考慮功利，千萬別把個人政治理念摻到投資決策裡去，要公正的對待你不喜歡的人。這一點在台灣尤其重要，接下去我不能

再說。

　　九、消遣偏差：對某些人來說（比如：土豪田僑），投資只是「消遣」，採取漫不經心的態度。但你不是喔，人家賠得起，你賠不起。還是謹慎面對為佳。

　　十、負面偏差：負面情緒，尤其是恐懼會影響你的判斷。我們傾向相信現實比想像中更糟。但實情是，現實只是現實，跟你的想像無關。抱持消極負面態度的人，最好別碰投資。另外更重要的是，遠離會提供負面思想的人（俗話叫「魯蛇」，loser）。近墨者黑。

● 重點回顧

- 「公司」是一群投資人（股東）出資，組織用來加值的企業體，以從事營利行為，獲取盈餘。股票，就是股份的憑證，表彰這一群股東對公司的所有權。
- 公司經營得好，股票價值就會高。
- 台灣股票交易的單位是「千股」，也就是一張股票代表1,000股，不足1,000股的部分就被稱為「零股」。美國以1股為單位來交易。
- 股權投資是一種「沉沒成本」（sunk cost），拿不回來，就像沉沒了一樣。
- 手上沒有股票可以去借：先借來賣出，以後再買回來還就好。
- 作多和放空只不過是相反的操作方式而已，根本沒有好壞可言，不應該加諸以道德判斷。
- 人靠理性作分析，靠感性作決策。
- 股票交易的目的是要獲取價差，一定要「買低賣高」（作多）或「賣高買

低」（放空），才會賺錢。反其道而行，必定賠錢。

- 要在股價低時買進，在股價高時賣出。絕不能在股價高時買股票，不可以在股價低時賣股票。
- 信仰市場自由機制，不要期待政府干預市場。

 習題

【股市模擬投資】假設給你10M投資台灣股市，為期一個月。請用Excel記錄每天的進出，月底結算盈虧（清倉）。紀錄格式如下：

日期時間	股名	買進/賣出	張數	股價	收入	支出	帳戶結餘	備註
2016/3/1							10M	開戶
2016/3/1 9：00	開心文創	買進	10	@100		1M	9M	
2016/3/1 9：00	開心文創	賣出	5	@105	525K		9,525K	

第11章 債

給我一個支點，我就能撬起整個地球。

—— 阿基米德（Αρχιμήδης, 287 B.C.-212 B.C.）

公司為了籌資，可以發行兩大類有價證券，第一類是權益證券（equity security），例如股票；第二類是負債證券（debt security），如債券。兩者之間，最主要的差異製表如下：

表21　權益與負債的差別

	權益證券	負債證券
公司所有權	以股份代表所有權	無
公司經營權	以股份數參與投票	無
清算時，資產請求權	剩餘請求權	優先請求權
抵稅	股利不得以費用報抵公司所得稅	利息可以費用報抵公司所得稅

第一節　企業融資

借錢「進來」的人（或公司），稱為「債務人」（debtor），或「借方」、借款人、欠債者之類；借錢「出去」的人（或公司），稱為「債權人」（creditor），或「貸方」（lender）、債主之類。

債務依到期期限（maturity）分為兩類：長期（long-term，

一年以上）債務和短期債務（short-term，一年以內）。依形式來分，則有票據（notes）、信用債券（debentures）和債券（bonds）等，本質上都是一種「借據」。與股票類似，可依法令規定以「公開發行」及「私下募集」兩種方式來籌資。

　　具體而言，一般民間或私人借貸，只要有借據就可以了。借據不拘形式，只要載明債務人、債權人、借款金額、利息、擔保品（collateral）、還款條件等，就是一張合法的契約。

表22　借據

借據
借款人＿＿（姓名）＿＿向＿＿（姓名）＿＿借款新台幣＿＿＿＿＿＿元整，並於＿＿年＿＿月＿＿日收訖無誤。
借款人同意以＿＿每月三分3%＿＿計息，並以＿＿＿＿＿＿＿為擔保品。於＿＿＿＿年＿＿＿＿月＿＿＿＿日前歸還款項。
恐口說無憑，特立此據為證。
立據人：（借款人簽章）
＿＿＿＿年＿＿＿＿月＿＿＿＿日

　　借錢不是壞事。從交易的角度觀察，借款其實也可以想做「債權人（買方）以現金向債務人（賣方）買進借據」的交易。相對的，還款則是「債務人（買方）以現金向債權人（賣方）買回借據」的交易。我希望打破傳統上

「借錢很丟臉」的觀念，不施予道德判斷。強調借貸也只是一種交易，可以理性討論、應用。買賣雙方都是「中性」（neutral）的，沒有任何一方比較優越或低劣。

📖 財務槓桿

在先進國家，「創業家一般來說傾向於使用他人的金錢（other people's money, OPM）來投資，而較不願意使用自己的」[1]。理由有三：

第一、**降低個人所承受的風險**：創業的失敗率極高，而創業家卻投入了超出一般的工作時間以及精神，也犧牲了其他的收入機會——可以說是一場豪賭，成功當然很好，但失敗常傾家蕩產。尤其是文創工作者，面對的市場不確定性更高，最好創業時也要保留一些私人積蓄，作為儲備金來養活自己和家人。事業上儘量使用借貸融資來取得資金。

第二、**增加投資報酬率**、擴大經營規模：財務槓桿可以「槓桿倍數」增加投資報酬率，也可以使有限的資金發揮更大的效益，擴大經營規模。

第三、**與人分享賺更多**：創業家得學會操縱「財務槓桿」，**用別人的錢來賺錢，再與別人分享**——**這就是資本家的祕訣。**

📖 稅盾

企業融資應該適當的借貸，因為**債務所產生的利息支出，可以當作費用，扣抵公司所得稅**。這個效果，就叫做「稅盾」（tax shield）——債務就像一面盾牌，幫你抵擋稅務。

1　《創業管理》，p.403。

就法論法，在國稅局的網站上明列：「營利事業所得之計算，以其年度收入總額減除各項成本費用、損失及稅捐後之純益額為所得額。」

【範例36】稅盾

假設公司稅的適用稅率是20%（會隨政策變動），開心文創本年度收入總額10M必須扣除掉成本費用8M以後才算「所得額」，乘以稅率20%，那麼就要繳營利事業所得稅（公司稅）$(10M - 8M) * 20\% = 0.4M$。

假設開心文創能適度舉債10M（$r = 10\%$），年度增加利息支出1M，那麼公司稅就只要繳$(10M - 9M) * 20\% = 0.2M$。「明顯變少」了，這就是稅盾效果。

有同學會說，可是這樣多了1M的利息支出，還是不划算。

請思考融資的機會成本。公司之所以有利息支出，是因為多了10M的現金可以支應營運。假如改用發行股票的方式來籌集這10M，一毛錢都不能抵稅。換言之，權益證券的成本比較高，當然要用負債比較划算啊！

第二節　債券市場

為了方便次級市場交易，公司債可以固定形式發行，稱為「債券」（bonds）。現在由於證券無紙化，已經見不到紙本，只有債券帳戶中的電子紀錄，所以沒辦法給大家看現行債券的樣張圖片，請大家自己上網查詢古董債券的樣式，憑空想像。

債券可細分成以下類型：

- 抵押證券（mortgage securities）：以不動產做為抵押品所獲得的貸款證券。
- 信用債券（debenture）：不提供擔保品的債券。
- 票據（note）：到期期限少於十年的債券。

- 政府債券：各國中央或地方政府所發行的債券，以政府信用作為擔保（其實就是無擔保）。

債券信用（簡稱「債信」）多透過獨立機構（不保證公正），依據債券發行公司可能違約的機率，以及違約時債權人所獲得的保障程度來評等。一般而言，看到有「A」「+」越多，債信越好；B以下就很少人承買。甚至有所謂的「垃圾債券」（junk bond）代表發行公司已經在破產邊緣了。世界上最有名的兩家債券評等公司是 Moody's（穆迪）和Standard & Poor's（S&P，標準普爾），他們的評等可以做為交易的「參考」。

普通債券包含以下債務資訊：

■ 面值F（face value, par value）：貸款結束時所需償還的金額，「名義上」初次的發行金額。

■ 票面利息C（coupons）：債務人需每年按期支付的利息金額。憑票兌換。

■ 票面利率（coupon rate）：每年的支付票面利息除以面值，所得到的利率。

■ 到期期數t（maturity）：償還面值的所需的年數。

由於市場利率不斷的變動，所以，公司債的價值會隨著時間變動，不一定會永遠等於票面上的價值。因此，債券的價值可以看作兩條現金流的加總：到期日面額F的折現；加上票面利息C的折現，這是普通年金。

$$\text{債券價值} = \text{到期日面額折現} + \text{票面利息折現}$$
$$= F * PVIF(r, t) + C * PVIFA(r, t)$$

PVIF(r,t)是t期，利率r的現值利率因子；

PVIFA(r,t)是t期，利率r的年金現值利率因子。

【範例36】公司債

開心文創公司發行十年期公司債，面額1M、每期票面利息50K。亦即，票面利率5%。持票人（即購買人、債權人、債主）可以每年憑一張coupon兌換50K現金利息；十年到期日，憑本券要求開心文創公司支付1M現金，贖回債務。

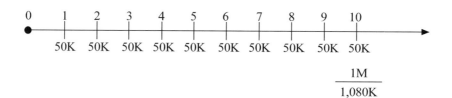

(1) 假設市場利息r = 5%，債券價值 = 1M * PVIF(5%, 10) + 50K * PVIFA(5%, 10) = 10M，剛好等於債券面值。像這種狀況，我們稱之為「平價債券」（par value bond）。

(2) 假設市場利息r = 8%，債券價值 = 1M * PVIF(8%, 10) + 50K * PVIFA(8%, 10) = 0.7987 M，低於債券面值。像這種狀況，我們稱之為「折價債券」（discount bond）。

(3) 假設市場利息r = 3%，債券價值 = 1M * PVIF(3%, 10) + 50K * PVIFA(3%, 10) = 1.1706M，高於債券面值。像這種狀況，我們稱之為「溢價債券」（premium bond）。

【課堂練習19】債券價值與利率

開心文創發行十年期公司債，面額1M、每期票面利息50K。假設發行一年後：

市場利率上升為8%，債券價值為何？

市場利率下降為3%，債券價值為何？

由上例可知，**債券的價值與市場利率呈反向變動**——利率越高，債券價值越低；利率越低，債券價值越高。不需要數學證明，也可以明白這個道理。因為持票人手上的債券的票面利息（率）是固定的，當市場利率（r）升高，高過票面利率時，代表coupon和面額終值比較沒有價值，因此債券的整體價值會降低。反之亦然。

　　債券價值因利率的波動而引起的風險，稱為「利率風險」（interest rate risk）。在其他條件不變下：

- 到期期限越長，利率風險就越大。因為越長時間以後的未來，就越難預測，不確定性就越高。
- 票面利率越低，利率風險就越大。因為當比較基礎越小，任何一點變化所引起波動相對就越大。

　　再回歸到財務金律「高風險高報酬」，當你必須承受越大的風險時，所要求的投資報酬率（yield）就要越高，因此，我們可以在市場上觀察到，長天期、低票面利率的債券，投資報酬率往往越高。

　　債券交易的方式一樣得透過專業的證券商仲介。然而，可能是因為交易金額較大、期間較長的緣故，除了政府公債以外，鮮少有散戶個人參與投資。多是機構投資人才會承作公司債。

第三節　民間借貸

　　《文化創意產業發展法》第十九條：「中央主管機關應協調相關政府機關（構）、金融機構、信用保證機構，建立文化創意事業投資、融資與信用保證機制，並提供優惠措施引導民間資金投入，以協助各經營階段之文化創意事業取得所需資金。」近年來的確有許多提供文創產業的優惠融資措施，但是實務上，文創業融資並沒那麼容易，主要原因是文創產業大多數是中小型、甚至是微型企業，規模有限，還債能力有限；加上「有限責任」的保

護，銀行予以融資的意願不高。再加上我們先前重複提過的智慧財產鑑價問題，很難找出銀行認為值得的抵押擔保品。也影響了銀行融資的意願。真受惠的文創業者很少，尤其「小清新」——規模越小、老闆年紀越輕、型態越新——越借不到錢。

　　無奈之下，「小清新」文創業者只好使用種種個人融資，透過老闆個人名義去向銀行以外的民間融資機構借錢。在開始介紹之前，還是要提醒：個人借貸屬於「無限責任」，請務必三思而後行。

　　有些人會死腦筋：「橋歸橋、路歸路」，個人融資怎麼能用到企業經營上呢？

　　請務必搞清楚「大水庫」理論：**無論甚麼來源的錢，只要匯到同一個帳**

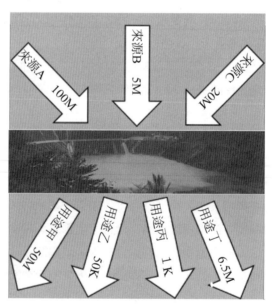

圖20　大水庫理論

戶裡，就再也分不出來源了。就像水庫集水，完全分不出水源是來自哪一條河川。用錢也是相同的道理，從大水庫裡去汲水，不必管來源，那才能提高花錢的效率。這種作用類似「洗錢」（money laundering）——原本是中性的名詞，常被誤用在犯罪上，變成負面的涵義。

政府機關之所以要求「專款專用」，是因為政客用的是別人（納稅人）的錢，如果不加節制，勢必產生代理問題。因此，為了管控預算、防止弊端，來自於地方的稅收就用於地方，來自於彩券的收入就用於社福……。但是，個人和公司理財，不需要這樣做來綁住自己的手腳，使預算零碎化，也降低了花錢的效率。

📖 典當

「當鋪業」大概是人類最古老的行業之一吧？電影小說裡常見主角經濟發生困難，就把家裡值錢的東西拿到當鋪裡典當——也可說是，拿抵押品去當鋪借錢。還錢時再贖回抵押品。

時至今日，當鋪已經發展成一種專業融資機構，不會收一些日常生活用品，像小說裡常見的棉被衣物、家具、電器……；也不會收一些難以變現、流動性差的抵押品，如房地契、專業生財用具……。最常收的是黃金珠寶、汽機車、名錶、名牌包、（容易鑑價的）古董……。而這些東西，借款人往往也不會再去贖回，形同以比較低的的價格「賣」給當鋪，和上拍賣網站拍賣差不多的意思。因此，在網路時代，當鋪經營也慢慢在轉型。

當借款人把抵押品送進當鋪時，當鋪會給一張當票，作為借款契約和抵押憑證，形式大致如下：

表23　當票

開心當鋪　當票

天龍市當鋪同業公會　當票編號：　D009547

當入日期：＿＿＿年＿＿＿月＿＿＿日　　　　滿當日期：＿＿＿年＿＿＿月＿＿＿日

貨金：新台幣＿＿＿＿＿＿＿元

當物內開

舊

貨主：＿＿＿＿＿＿＿先生／小姐

憑票取贖　謝絕看貨
每月第二、四週日公休

開心當鋪
地址：天龍市朱雀一路987號
電話：02-3345678

---沿此線撕開---

當票存根　　當票編號：　D009547

貨主：＿＿＿＿＿＿＿先生／小姐
身分證字號：＿＿＿＿＿＿＿　　地址：＿＿＿＿＿＿＿　　電話：＿＿＿＿＿＿＿
貨金：新台幣＿＿＿＿＿＿＿元
當物：

舊

當票分「收執」、「存根」兩聯。貨主拿收執聯,「認票不認人」,憑票取贖。貨品一收當即密封保存,上貼存根聯。謝絕贖當前來看貨,造成作業困擾。當票另有幾個主要欄位:

當票編號:每一筆交易都有獨一無二流水號。

當入日期、滿當日期:一般而言,貨主必須在六個月內來贖當,否則當鋪即將貨品以「流當」處置。

皆令:即借款金額。利息依法令規定及民間習慣計算,一般是「兩分半」(月息2.5%)到三分(月息3%)。

當物:清楚標示為「舊」物,以免贖當時爭執。

貨主:即借款人詳細姓名、住址、身分證字號……個人資料。

在台灣,當鋪大都以貨品的市價五成左右收當,確保流當後,當鋪拍賣貨品有足夠的利潤。(也是當鋪業的主要收入來源)

【範例37】典當

許聞創先生經營文創咖啡店,為了大量採購有機咖啡,需要資金1M。然而,像銀行申請貸款,卻因為種種原因未獲核准。他只好把阿公留下來的瑞士名錶「滿天星」拿去當鋪典當。當鋪老闆仔細鑑定後,確定是真品,市價至少2M。

許聞創忍痛典當,收入現金:2M * 50% = 1M剛好足夠採購。

每月需繳付利息2M * 2.5% = 50K,六個月內必須贖當。

若是三個月後,文創咖啡大賣,許聞創想贖回滿天星,需償還1M + 3 * 50K = 1.15M。

若是文創咖啡大賠,許聞創就沒能力贖回滿天星,相當於流當。當鋪於是以市價七折拍賣這支舊滿天星,得款2M * 70% = 1.4M。

許聞創對阿公的遺物滿天星很有感情,請求當鋪不要拍賣,多寬限一些時間。依規矩,即使已經滿當,只要按期繳息,當鋪就不能逕行拍賣。於是許聞創每月固定繳50K利息。當鋪在40月後,就回收了所有的貨金。

📖 信用卡融資

我們平常使用的信用卡（credit card），本質上就是一種借貸融資。通常，申請信用卡時，發卡公司或銀行會事先審核申請人的財務狀況（如職業、收入水平、來往紀錄……），然後核准一定的信用額度（如每月200K）。只要持卡人在簽約商家消費，不超過信用額度，都可以刷卡記帳，不必當場付現金。相當於「賒帳」，也就是先向信用卡公司借錢付帳。另外，也可以利用信用卡向發卡銀行「預借現金」，機制相同。

每個月固定時間，信用卡公司會總結當月消費金額，發帳單一併向持卡人請款。持卡人可以選擇繳清，也就沒有後續利息；或者部分繳清（滿足最低應繳金額），未繳清部分就成為債務，開始計息（依法最高20%）。

比較特別的是，信用卡有一種「循環利息」制度。其實就是將各期未繳清的債務，循環複利計息。因此，**若是持卡人持續消費又不清償，債務累積的速度很快**。終至於負債滿身，成為「卡奴」的例子所在多有。因此，建議若非不得已，不要過度使用。

當然，也曾聽過許多矽谷創業家使用信用卡融資創業成功的例子，那有兩個主要原因，其一、美國有適用個人的破產法（有限責任）。債務過多還不起時，可以申請破產保護。容許債務人以後「再生」；其二、別忘了我們在「成長型年金」講過的道理，只有成長能打敗複利效果。只要創業成功了，獲利常是百倍千倍計，初期的債務真的不算什麼。

📖 優惠貸款

與信用卡融資類似，銀行為了各種目的和客戶群，也會提供不同的優惠貸款，比如「軍公教優惠貸款」、「就學貸款」、「青年創業貸款」、「文創優惠貸款」……。基本上就是在擔保條件、利率、還款限制上作優惠。

建議符合優惠條件的朋友，**能借就要借**，沒什麼不好意思的。

【範例38】九把刀：欠錢也是一種風格

文創名人九把刀，不但小說受歡迎，跨行電影編導，也創下佳績，身價據估破10億。但他曾在演講時，自爆還積欠銀行十幾萬的助學貸款，雖已有清償能力，但自豪「欠著也是一種風格」。

有網友痛批：「不要臉！」「欠錢不還少在那邊說好聽話。」抨擊他是道德淪喪、不良示範，無恥的最高境界，並酸他怎麼沒說：「欠錢不還是一種正義」。但也有死忠支持者覺得「欠錢不還很帥」、「超熱血」、「有個性，沒欠的人不懂」。

比較中肯的看法是：「低利的貸款先放著，錢能活用也說不一定」、「他以前也是領學貸苦過來的，後來爆紅賺了錢還滿帥的。」

各位同學，你說呢？

倒不是要占銀行便宜，而是「套利」。舉例而言，假設銀行的定存利率是2%，而你能借到1.5%的優惠貸款。那即使你不缺錢，也能把錢借出來，再轉存到定存帳戶去。不就相當於無風險「賺到」0.5%的利差？不賺白不賺。

但是實務上，利率優惠到比定存低的優惠貸款極為少見。多半高一點點，也沒啥套利空間。

地下錢莊

未經申請許可或持有合法立案的民間融資機構，統稱為「地下錢莊」。地下錢莊的經營樣態非常多，有的雖打著當鋪、銀樓、汽機車借款、貸款顧問、中小企業融資、短期周轉……名號，都是「掛羊頭賣狗肉」。要辨識很容易，只要請其拿出營業執照，看看營業項目即知。

地下錢莊常標榜「來就借、萬物可借」、「車借錢、免留車」、「證件借款」、「本票、支票借款」……看似很寬鬆的借款條件——不是免抵押，就是免擔保。不禁讓人懷疑，要是借款人賴帳不還，不就賠本賠慘了？

所謂「殺頭生意有人做，賠本生意沒人做」，地下錢莊之所以敢開出這樣的融資條件，必定有「超級厲害」的追債手段，讓你不敢賴帳。因此，與黑道勾結、暴力討債，逼得借款人「落跑」、家破人亡的新聞時有所聞。因此在此勸告同學，儘量不要讓自己淪落到此境地。

　　財務金律「高風險高報酬」。**地下錢莊的經營風險很高，就會要求非常高的利率。**遠超過法令規定銀行業所能收取的20%-30%水平。加上循環利率的複利效果，債務成長速度非常驚人。

【範例39】車借錢，免留車

　　易文青先生經營小農農產行銷平台，公司備有小貨車兩台。某次送貨途中，在鄉間小路旁的電線桿上看見「車借錢，免留車」的小廣告。為了籌措擴大營運的資金，抱著姑且一試的心態，便前往借款。發現該處只是鄉間平房，沒招牌沒登記，只有一位壯漢經辦業務，自稱名叫李金光。

　　李金光要易文青先生出示個人證件和小貨車行車執照等，並簽下本票600K當作借據，辦完手續便交付給易文青現金500K。相當於在借款同時，便扣除利息100K，利率100K/500K＝20%。然後依民間借款習慣約定利息「三分」（每月3%），以日計息。相當於每日0.1%複利計算。

　　易文青拿到錢，還能把車開回家，一時之間還覺得蠻簡單方便，把錢拿去發薪水等等，且略過不提。

　　假設一個月後，易文青賺到錢可以還款，需償還本金600K加上30天複利0.1%利息，共計600K * FVIF(0.1%, 30) = 618K。

　　假設易文青先生沒錢可以還款，那大事不妙。李金光會前往監理站辦理小貨車的移轉登記，沒收抵押品。而且，拿著600K本票前往法院申請強制執行。到時就會有警察上門來，要求易文青先生付款，否則就查封他的其他財產。有時，還會有更厲害的手段喔！

【專題】借貸的哲學

我們要來談談借貸，尤其針對個人借貸，所應該有的觀念。

先講「貸方」：

- **救急不救窮**：濟厄扶困，在朋友有需要時伸出援手，絕對是一種美德。請在能力範圍內，盡力這麼作。但是要記得，資源有限，要選擇優先借錢的對象。一般而言，要先幫助急難者，其次才是一直處於窮困的人。再從效率角度來說：窮是沒得救的，有如汲水入空井，很難有長期效果。

- **會還不會借、會借不會還**：銀行業永遠的矛盾：有財力的人才有「還款能力」，那他幹嘛借債？而沒財力的人才會借錢，也意味著他沒還款能力。因此，如果你期待借錢的人會還錢，選擇借款對象時，務必要小心。

- **朋友之間，儘量不要借貸往來**：若是朋友有需要，而自己能力許可，就慷慨餽贈。若沒有能力，明確拒絕——尤其不要說謊、找藉口，貶低自己的人格——不借就是不借。

- **借錢予人，要當作「不會還」**：有如肉包子打狗，有去無回。若是有還，就當作「撿到」的。可保心境平和、友誼永固。

- **人呆作保**。

接下來，講「借方」：

- **量入為出，不「寅吃卯糧」**：要有會計期間的觀念，保持每一期（每月）的現金流量都是正值，收入減支出永遠大於0。絕不為了下一期的花費，而做本期的借款。

- **借錢投資、不借錢吃穿**：萬一真的要借錢，必須用在投資上（資本門），不可用於日常花費（經常門）。說到底，投資會帶來未來的現金流量，而吃喝花費就只是耗掉現金而已，最後化為排泄物，不

值得。更細緻來說,投資自己最划算,學新的技能、精進技術與設備……借錢別猶豫。若「投資」在美食華服等「身外之物」,遲早會後悔。

- **有借有還、再借不難**。
- **債多不愁**:債務過多,真的還不起時怎麼辦?(涼拌炒雞蛋。)千萬不要急、不要慌,更沒必要走絕路。因為你仔細想想,該急的是債主,欠債的根本不用愁。華爾街有個笑話:「欠100萬,你是銀行的;欠100億,銀行就是你的。」十分精闢。當然,身為負責任的好公民,盡力還款是應該的;現在還不起,以後慢慢想辦法還。如果真的負擔大到不可能還得起,那就別還了。
- **借新還舊、借低還高:沒錢還債怎麼辦?再借錢來還**。每年中央政府總預算都是用這招,代表完全「合情合理合法」,請毫不猶豫的善加使用。

  甚至你應該記得「套利」:如果新的貸款方案利率較低,那就借新的方案去還利率高的舊方案。

重點回顧

- 請熟悉權益證券和負債證券的差別。
- 債務依形式來分:票據、信用債券和債券等,本質上都是一種「借據」。
- 借貸的好處:降低個人所承受的風險、增加投資報酬率、與人分享賺更多。
- 資本家的祕訣:用別人的錢來賺錢,再與別人分享。
- 稅盾:債務所產生的利息支出,可以當作費用,扣抵公司所得稅。
- 債券與股票類似,可依法令規定以「公開發行」及「私下募集」兩種方式

來籌資。

- 借款可以想做「債權人（買方）以現金向債務人（賣方）買進借據」；還款則是「債務人（買方）以現金向債權人（賣方）買回借據」。

- 借錢不是壞事，借貸也只是一種交易。

- 債券的價值與市場利率呈反向變動：利率越高，債券價值越低；利率越低，債券價值越高。

- 「大水庫」理論；無論甚麼來源的錢，只要匯到同一個帳戶裡，就再也分不出來源了。就像水庫集水，完全分不出水源是來自哪一條河川。用錢也是相同的道理，從大水庫裡去汲水，不必管來源，那才能提高花錢的效率。

- 信用卡有循環利息。若持卡人持續消費又不清償，債務累積的速度很快，終成為「卡奴」。若非不得已，不要過度使用。

- 地下錢莊的經營風險很高，就會要求非常高的利率。

- 再讀一次「借貸的哲學」。

習題

1. 不要害羞，走進任何一家銀行找理財專員，說你要用你家的房子貸款，請他詳細介紹怎麼作。重點在於，如果還不起會發生甚麼事？
2. 上網查詢如何申購政府公債，並作簡短的分析報告。
3. 到「合法立案」的當鋪走一遭，瞭解如何典當。

第12章　保險與基金

一個有責任的人對父母、兒女真愛的表現

乃在他對這個溫馨、幸福的家庭有萬全的準備。

有適當的保險是一種道德責任，也是國民該擔負起的義

務。

羅斯福（Franklin Delano Roosevelt，第32任美國總統）

第一節　保險的原理與性質

「天有不測風雲，人有旦夕禍福。」無論企業或個人，隨時都處於風險之中。

從數學的角度看，**風險是一種機率事件，不受控，也無法預測何時何地會發生，更無法避免**。但是，我們可以藉由財務手段，降低風險發生時的經濟損失，那就是「保險」（insurance）。

在開始介紹保險之前，我們要先回顧一下高中數學學過的「期望值」，就是：試驗中每次可能結果的機率乘以其結果的總和。

$$EXP = 總和（機率 * 結果）$$

舉例而言，假設有一個擲硬幣賭局，正面向上得100元，人頭向上賠50元，那期望值為：

$$Exp = 100*1/2 + (-50 * 1/2) = 25$$

其意義為：這個賭局擲硬幣「之前」，你可以預期得到25元的報酬。

請注意：期望值是在機率事件發生之前的預期，是「事前」；事件一旦發生，變成「事後」，結果就已經產生，沒有期望值可言。

現在再回頭過來看風險。從歷史統計資料中，我們可以大約估計出每一種意外事件發生的機率，比如說在某鄉鎮中，總共有一萬棟房屋，過去十年中，發生了十次火災。那麼，我們就可以知道，火災發生的機率大約是每年萬分之一（$1/10K$）。

假設每棟房屋平均價值10M，配合期望值的概念，就可以推算出火災損失的期望值：

$$Exp = -10M * 1/10K = -1K$$

也就是說，每棟房子在火災發生「之前」，就可以預期到將會有1K元的損失。

那麼，假設有一個保險公司提供一個保險方案：只要屋主每年繳交1K元（外加一點手續費）的保險費，萬一不幸發生火災，保險公司負責賠償10M。

對屋主來說，事前繳交這1K的保險費與火災損失期望值相同，沒有什麼損失。而且，萬一真的不幸發生火災，他還可以獲得全額10M的理賠——等於規避了火災的經濟損失，何樂而不為？

對保險業者來說，如果能收取到一萬戶的保險費1K，那麼總共就有了10M的保險基金。依照統計，這一萬戶中，大約有一戶會發生火災，而需賠付10M。對保險業者也沒有損失，只有賺到一點點手續費。

以上就是保險機制的原理，將一人所需承受的損失，分攤到眾人身上去。我們稱之為「分散風險」。

有同學一定會問：假設這一萬戶中，都沒有人發生火災，這些屋主不就都賠錢了，而保險業者大賺錢了嗎？

沒有火災！屋主求之不得對吧？還有啥好抱怨？保險業者說不定還會想辦法提升整個鄉鎮的防火措施呢！

因此，我們可以知道，保險業者和被保險人的利益一致，永遠會「站在同一邊」（術語叫做「誘因相容」）。

分散風險的方式有兩大類：

第一類、**少數分攤給多數**：將少數人承受的風險分攤給多數人。

【範例40】少數分攤給多數

東印度公司的炮艦商船，每艘建造成本0.2M。單趟價值1M（含貨物人員等），航行在台灣海峽，遭遇海賊王鄭芝龍而全船損失的機率是1/100（平均每100趟中有一趟會被劫走）。

該公司預計新發100艘船，成立專案募資，共需0.2M * 100 = 20M，發行100股，每股0.2M。

出航後，預計有100 * 1/100 = 1艘會損失，其他平安返航。損失的期望值EXP = −1M * 1 = −1M。

如果將這筆損失攤分散到100股，每股損失的期望值降為−1M * 1/100 = −0.01M。相當於每股攤付保險費0.01M。

可以期待99艘返航後，獲得總價值99M。也就是每股現值99/100=0.99M

也就是說，投資東印度公司一股可賺0.99M − 0.2M = 0.79M。

投資報酬率0.79M/0.2M = 395%

附帶一提：這也是近代「公司」體制的起源。

這一類的保險可以看做「強扶弱」，未受災的幸運者（強者）扶助受災的不幸者（弱者），因而成為許多社會保險的設計理念。比如國民健康保險（健保）、行車事故第三責任險、各式災害險……。

將這個理念進一步延伸到文創產業中，也可以有許多的應用。比如，文

創市場常有「不確定性」作怪，一部作品（電影、小說、戲劇……）出去，往往無法掌握是否會『中』（暢銷、受歡迎、盈虧……）？那麼，發行方就應該把投資分散開來，相當於買個保險，讓許多作品一起來承擔風險。只要其中有幾部強者會中，就可以扶助其他不中的弱者。（又叫做「建立投資組合」。）近年來有人倡議「國片基金」，每部國片都撥出票房收入的一部分存入基金，用以扶植補助新拍的國片。就類似保險。

第二類、**短期分散到長期**：將短期承受的風險分散到長期。

【範例41】短期分散到長期

在台灣每1,000個大學生，就學四年內就有1個會死於機車車禍（1/1,000）。

罹難者家屬大約需要10M，才能處理後事，平復哀傷。

天龍大學有10K個學生，也就是可以預料，會有10K * 1/1,000 = 10名同學的家屬需要這筆錢，總計100M。

校方決定開辦保險，讓所有學生共同分攤。也就是每人須分攤保險費100M * 1/10K = 10K。這筆錢對大學生來說，也是不小的負擔。所以校方允許分四年攤繳，每年繳10K * 1/4 = 2.5K就可以了。

相當於，每位同學每年可以花2.5K交保險費，再騎機車「與死神對賭」——

如果被保險人順利活著畢業，相當於「輸」了10K保險費。

如果第一年被保險人就車禍身亡，相當於「贏」了10M - 2.5K = 9,997.5K（大賺）

如果畢業前夕被保險人才車禍身亡，相當於「贏」了10M - 10K = 9,990K（少賺）

請問贏好？還是輸好？早點死好？還是晚點死好？

這一類的保險可以看做是「未雨綢繆」，幸運未受災的時候，就要為不幸受災時存錢打算，成為許多社會保險的設計理念，比如勞保、國民年金、各式災害險……。

將這個理念進一步延伸到文創產業中，也可以有許多的應用。比如有些生意可能會遭遇到季節性的災害（如農產怕颱風），你就可以在災害較少的季節撥出一定的「保險費」來做準備，萬一受災時，就可以有所因應。

📖 資訊揭露

保險機制之所以成立，在於交易雙方（保險人與被保險人）對於未來都感到程度不一的「不確定性」，以至於必須「對賭」來分攤風險。

【範例42】資訊揭露

承上例，假設天龍大學的教授研發出一種科技檢測儀（類似X光機），只要一照，馬上可以顯示出這位同學在學期間內會不會車禍身亡？如果「會」，就顯示「陽性」（positive）；如果「不會」，就顯示「陰性」（negative）。檢測結果100%準確，會發生什麼事呢？

新生入學的時候，大家排排站，輪流通過檢測儀：李小明，陰性；王小華，陽性；陳大同，陰性；許大頭，陽性……

——被檢出陰性的同學當然可以快快樂樂上學去，由你玩四年。

——被檢出陽性的同學就要回去準備後事了。

再進一步思考：

——被檢出陰性的同學當然不必分攤風險，不參加保險，不交保險費。

——被檢出陽性的同學「穩贏」，會想要馬上參加保險；可是，學校「穩輸」當然不願意接受這筆保險。

也就是說，保險根本沒法成立，也就沒人能享受到保險帶來的好處。

問題出在那台檢測儀完整揭露了風險資訊。

故事告訴我們：有時候事情看得太清楚也不見得是好事，混水摸魚也不錯啦。也可以說，要揭露風險資訊時，一定要三思而後行，無論是疾病好發機率、土石流潛勢、職業危險性……都一樣。

應用在文創產業上：演員拍電影會有受傷的危險，因此需要保險。但是，對保險公司而言，如果你想要拍文藝片（受傷可能性低），那當然歡迎你來保險；如果你想拍冒險動作片，那當然不願意接受了。不然，保險費（賭注）勢必要提高才行。

再想深一點：在文創業裡，會有某些經營型態的失敗風險比較高，比如拍電影、作遊戲、開藝廊……；也會有某些經營型態的風險比較低，比如：開連鎖咖啡店、接代工、炒房地產賣房子……。無論是投融資、保險、產業輔導，有時候真的不要分太清楚，會對整體產業比較好。我猜想，這也是當初制定「文化創意產業」時搞成「包山包海」的智慧吧？

逆向選擇

以上我們知道了「資訊揭露」的考量。接下來，我們要討論「單方面」擁有風險資訊時，所容易產生的問題，分為兩種：「逆向選擇」與「道德風險」——

「逆向選擇」（adverse selection）是指保險合約成立前（事前），被保險人單方擁有風險資訊，而保險公司卻沒有，造成「資訊不對稱」（Information asymertry）的情形。

【範例43】逆向選擇

承上例，每個天龍大學的學生都知道自己騎機車的風險程度，比如會不會戴安全帽？會不會喝酒騎車？會不會超載蛇行？會不會邊騎邊聊天？打手機抓寶？因此可以分為兩群，「高風險」與「低風險」。

對學校（保險公司）而言，當然會希望提供給高風險同學較高費率的保

單，而給低風險的同學較低費率的保單。這樣也看起來比較公平。

　　但問題是，個人（被保險人）會不會進行這些高風險行為，只有個人自己知道。於是，無論高風險或是低風險的同學，一定都會去選擇低費率的保單。這樣一來，保險公司勢必會虧本。那這保險也就辦不成了——這就叫逆向選擇。

　　應用在文創產業上，我們也可以常常看到逆向選擇造成的問題。好比一個補助輔導案，出錢的人當然會想選擇低風險、高潛力的個案，但是，常常來申請的都正好相反，高風險而低潛力。道理很簡單，如果有低風險高潛力的投資機會，人家自己作了，幹嘛申請補助輔導呢？

　　因此，政府推動的這類專案常常成效不彰，淪為被公眾批評的把柄。這都是因為逆向選擇造成的。

道德風險

　　接下來討論「道德風險」（moral hazard）。這是指被保險人在保險合約成立後（事後），片面改變行為，而使得風險上升的情形。

【範例44】道德風險

　　承上例，假設天龍大學的學生王小華投保了機車意外險後，便毫無顧忌地開始危險駕駛行為，夜夜喝酒騎車不戴安全帽、蛇行又超載，那不出幾天，勢必慘死道旁。因而「贏」得賭金，而使保險公司慘賠。進一步推想，保險公司明年起也就不敢承保天龍大學的機車意外險了，所有同學都失去了保障——這就叫做道德風險。

　　應用在文創產業上，也可以常常看到道德風險造成的問題。好比一個設計案發包出去，合約裡絕對不可能完整規範規格、樣式……。因此，比較

沒有「道德」的設計師拿到案子，當然就會選擇最低成本、最簡單方便的做法。以「能結案就好」的馬虎心態去從事，玩意自然好不了。這也是道德風險的問題。

第二節　基金的原理與類型

基金（Fund）是指將「分散」在不同來源、時間的錢「集中」統一管理，再用於特定目的投資。可以說是「保險」與「投資組合」的變形綜合體。

基於民法的契約自由原則，任何人都可以建立自己的基金來進行投資。比如，你想到文創市集上擺攤銷售手工藝品，就可以成立基金，從親朋好友身上募得所需要的資金，去進行進貨、銷售。市集結束，再依基金投資比例去攤分盈虧。

眼尖的同學一定會發現，這不就和「股份公司」的運作方式一模一樣？

真的一模一樣，你慢慢就會發現，**金融商品的運作原理都是類似的，只不過表面上名稱不同罷了**。

大型的基金由於資金規模大、牽涉的人數和金額眾多、經營的成敗也會對社會造成一定影響，通常各國都制定了或寬或鬆的法令與專門機構予以監管。基金運作方式必須由特許的金融機構出面募集資金，再用於投資特定的金融商品。

大型基金會成為一個獨立的金融機構，也就是一家投資公司。它擁有專業的組織和團隊進行投資，投資的標的又是另一家公司、基金。舉例而言，A公司可以投資購買B基金；而B基金的投資組合中有C公司的股票；C公司也可以購買A公司的債券，再投資D公司的股票；D公司又購買B基金——基金投資公司、公司投資基金；子又有子，子又有孫、子子孫孫……形成了相當複雜的網路關係，甚至形成迴路——這就是金融產業的真實面貌。

常見的基金有幾種類型：

(1) 股票投資基金（stock fund）：分股募集投資人的錢，用於投資特定股票（或投資組合）。這是金融機構最常銷售的基金類型。

(2) 債券投資基金：專門投資債券（公債、公司債）的基金。銀行也會發行房地產抵押債券（mortage fund），將房屋貸款「包裹」起來，供投資人認購。

(3) 貨幣投資基金：投資各種貨幣，由匯差賺錢的基金。

(4) 保險／再保險投資基金：保險就是基金。保險公司當然可以再為自己的資產再投保，就叫做「再保險」。

(5) 風險（創業）投資基金（venture capital）：專門投資新創公司的基金。

(6) 避險基金（hedge fund）：又稱為「對沖基金」，原始定義是藉由衍生性金融商品進行套利來保值、規避風險用的基金。現在已經演變成為利用極複雜的金融操作技術來盈利的基金型態。

(7) 公益基金：以公益為目的成立的基金，又被稱為「非營利組織」（NPO, Non-Profit Organization）。

(8) 邪惡基金（evil fund）：專門投資軍火業、賭場、色情業……較具有道德爭議產業的基金。通常獲利很高，但社會評價很低。

理論上來說，基金的價值就來自於其所投資的資產價值，評價方法與股票、債券相同。但是實務上，基金可能是其他類型金融商品，經過數層的「包裹」才衍生出來的金融商品。因此，評價過程會變得相當複雜，而且偏離理論值。但不用擔心，記得效率市場假說嗎？市場最終呈現出來的價值（市價），就是最公正準確的評價。

【專題】電影業的完工保險

從價值鏈的觀點來檢視**當今的文創產業發展，最主要的困難來自於「不確定性」**，可以分為「製作」和「行銷」兩方面來談：

在製作端，文創業多為創意性高、藝術性高、客製化的產品或服務。創意性高，代表生產的方式獨特，難以掌握產量。藝術性高，代表和作者的靈感和工作態度相關，無法掌握進度；客製化則代表須依客戶的需求常常修改，「打掉重練」是常事。凡此種種，都會產生嚴重的不確定性，進而帶來很高的（財務）風險。

在行銷端，則需面對市場的高度不確定性。尤其是內容產業，作者永遠不知道哪一部作品會「中（獎）」暢銷大賣。進而帶來很高的（財務）風險。

有的子產業製作端的風險比較高，有的子產業是行銷端的風險比較高。但若說兩端都很高，高到幾乎不受控的程度，莫過於有「文創火車頭」之稱的電影產業了。

2015年最引人注目的文創新聞，莫過於侯孝賢導演的《刺客聶隱娘》屢獲國際影展大獎，卻在國會裡被國發會主委指稱「未結合文創而未能投資」而引起的一連串風波了。（詳細請自行上網查詢）

關於這些風波，我認為《文化創意產業發展法》第三條就明訂了電影屬於文創產業，沒啥好討論。其次，身為文創人，我們也不應該關心政客口水戰。那不如來關心到底為什麼國發會不投資聶隱娘？

事涉商業投資的機密，雙方都沒有透露太多細節，只能從相關新聞中去尋找蛛絲馬跡：

事情是這樣的，當初國發基金原本計畫投資《聶隱娘》新台幣8,160萬元，作為政府扶植文創產業的指標——所以，儘管現在被罵成豬頭，事實上

國發會原本的確是知道電影本身就是文創產業——卻因為對於完工履約保險談不攏，最後破局，所以國發會就沒有投資《聶隱娘》，不料後來製片單位自籌資金，7年功成，一舉拿獎……。

（引自東網《弋論：聶隱娘讓國發會成豬頭　完工保險才是關鍵》[1]）

原來「完工履約保險」就是元凶。那它又是什麼？

它就是用來克服電影製作端的高風險所應用的金融工具。

鈴木敏夫曾經講過古里莫導演《邪眼暴君》的故事：「一位製片人準備了資金打算拍電影，結果古里莫這個人花了三年還沒做完。製作期限延了兩年，還是沒做完。這時製片人覺得沒法再等下去了，做了一半也沒辦法，只好把這部電影稍微剪輯一下就放映了。古里莫因為這件事將製片人告上法庭。」[2]

電影的製作期很長，變數實在太多。比如天災、場景設備毀損、演員受傷，甚至身亡（如《玩命關頭7》）、智慧財產爭議（如《哈利波特》）……，都可能使耗資巨大的投資計畫胎死腹中，導致投資人血本無歸。但這些風險因子都有保險產品可以應對，比如天災有地震險、火險；場景設備可以用產物保險；演員安全可以用意外險、壽險……那「完工履約保險」到底又是什麼？

那是用來應對作者（尤其是藝術家）的人為因素所導致專案無法完工的風險所特別設計的保險產品。其本質是一張三方合約，由作者和保險公司對賭：投資人出保險費，作者保證自己會依約完工。

1　http://tw.on.cc/tw/bkn/cnt/commentary/20150531/bkntw-20150531000515345-0531_04411_001.html

2　《吉卜力的風》，p.94。

——若作者未能依約完工，算保險公司輸，要賠付投資人原投資資金（全部或部分）。

　　——若作者依約完工，則算作者輸，白付了保險費。

　　大家可以發現，這張合約把投資方所承受的風險，轉移到保險公司身上。而履約的責任是在作者身上。

　　聰明的同學或許會問，這份保險合約很明顯有「代理問題」——作者本身不出錢，大可拿了投資人的錢以後就擺爛，白賺一份工錢；投資人會拿到理賠。無論如何輸的都是保險公司。

　　就《聶隱娘》的案例而言，「……全片總預算也不過新台幣4.5億元，而完工履約保險可不便宜，國發會也不過才要投資8,160萬元，保險費就要2,000萬元，劇組心想這下國發會來的資金一下就去了將近四分之一，覺得不划算，寧可承受風險，國發會又堅持非保不可，結果只好破局」[3]也就是說，保險公司也沒那麼傻，高風險當然要獲得高報酬，只好收取高額的保險費來補償作者擺爛的風險。

　　當然，文創工作者都是像我一樣品德高尚的人，不至於擺爛啦。但保險公司在商言商，也無可厚非。不過也可以從這案例中，看到保險公司對電影無法完工的風險估算：大約有1/4的比例會拍不成——四部電影裡，最少有一部會拍不成，這比例很高啊！

　　也因為這個案例的影響，電影業界也有一些有志之士注意到「完工履約保險」的重要性。比如「阿榮影業」的林添貴董事長就想成立台灣影視業前所未有的完工保險。「對於台灣電影以及海外來台拍攝電影，必須能完成評估製作費用與保險金額，才能使歐美完工保險公司更願意承做台灣的業

3　http://tw.on.cc/tw/bkn/cnt/commentary/20150531/bkntw-20150531000515345-0531_04411_001.html

務，如此可提高歐美及中國大陸來台拍攝意願，協助台灣本土影視與國際接軌。」[4]

　　然而下文看起來卻像是要做「產物保險」和「意外險」，似乎搞錯了方向呢！

重點回顧

- 風險是一種機率事件，不受控，無法預測也無法避免。但可以保險降低風險發生時的經濟損失。
- 分散風險的方式有兩大類：「少數分攤給多數」與「短期分散到長期」。
- 「逆向選擇」是指保險合約成立前（事前），被保險人單方擁有風險資訊，而保險公司卻沒有，造成資訊不對稱。
- 「道德風險」是指被保險人在保險合約成立後（事後），片面改變行為，而使得風險上升。
- 基金是指將「分散」在不同來源、時間的錢「集中」統一管理，再用於特定目的投資。可以說是「保險」與「投資組合」的變形綜合體。
- 金融商品的運作原理都很類似，只不過表面上名稱不同。
- 從價值鏈的觀點來檢視當今的文創產業發展，最主要的困難來自於「不確定性」。

4　《經濟日報》2016/10/30報導　http://money.udn.com/money/story/8889/2056062

習題

1. 在出版產業中，出版社常面臨作者拖稿以致錯過出版時機的問題；作者則是想要有「預付稿費」以解決寫作期間的生活問題。請問如何利用保險機制解決？

2. 上網查詢文創基金的投資訊息，做成簡短的報告。

3. 因為逆向選擇和道德風險的問題，政府的文創補助案經常效能不彰。請提出解決的方法。

第13章　衍生性金融商品

會使你惹上麻煩的並非你不懂的；

而是你自以為懂的，其實並不是那回事。

—— 馬克・吐溫（Mark Twain, 1835-1910）

衍生性金融商品（Derivative）顧名思義是一種由其他金融商品「衍生」出來的金融商品。也可以說，它是金融商品「包裝後」產生的金融商品。

也由於這個概念太新穎了，在不同的教科書上，你可以找到不同的解釋。比如維基百科這樣說：「是一種特殊類別買賣的金融工具統稱。這種買賣的回報率是根據一些其他金融要素的表現情況衍生出來的。比如資產（商品，股票或債券），利率，匯率，或者各種指數（股票指數，消費者物價指數，以及天氣指數）……主要類型有期貨，期權，權證，遠期合約，互換等……對此類金融工具進行買賣投資者需要十分謹慎，因為由其引起的損失有可能大於投資者最初投放於其中的資金。同時由於其本身並不代表任何資產，其買賣也不應該被視作投資。[1]」看起來相當複雜。

這個說明其實不盡然正確，尤其是隨之而來的道德評價，更是太過武斷。由於衍生性金融商品的複雜性，大多數人都似

---

[1] https://zh.wikipedia.org/wiki/%E9%87%91%E8%9E%8D%E8%A1%8D
%E7%94%9F%E5%B7%A5%E5%85%B7

懂非懂，甚至會反智性的排斥、拒絕瞭解。進而產生恐懼心理、妖魔化那個未知事物，那就會更怕它——這種心理防禦機制無可厚非。但是，若從財務管理的角度看，這是不智之舉。為什麼呢？因為請記得，財務管理只關心現金（錢），不關心它的來源，假設衍生性金融商品有更高的投資價值（r比較高），你不去瞭解，等於損失了投資機會；假設它的投資價值很差卻被包裹在投資項目裡，你不瞭解就會造成損失——總之，**不懂就會賠錢**。那也就是本章一開始為何引用大作家馬克吐溫的話的原因，千萬要搞懂比較好啦！

　　我想採取「排除法」來說明：相對於「衍生性」金融商品，那就有「基礎性」金融商品。基礎性的金融商品，我認為只有兩種，就是資產負債表上定義的股票和債券。其他金融商品都算衍生性金融商品，包括保險與基金。衍生性金融商品也可以再和基礎性金融商品或其他實體資產（如土地、設備、智慧財……）組合變化，形成另一種衍生性金融商品——無窮變化，生生不息——這也是無法採用「列舉法」來說明的原因。

　　但無論何種衍生性金融商品，**本質都是一份合約**：買賣雙方約定在衍生性金融商品所表彰的資產（又稱「標的物」，underlying）在未來某個時點的價格到達特定價位，應當如何清算。

　　簡單來說，**就是對賭**——假設有一個金融商品F，其未來的市場價格只有兩種可能性：上漲，或下跌。市場中有投資人A預期會上漲，投資人B預期會下跌，兩人就可以對賭，交易衍生性金融商品F'。究其實，衍生性金融商品F' 的獲利（或虧損）來源是市場內投資人對F未來預期的不一致，也可以說由未來的不確定性所造成。

　　接下來，我們將說明四大類衍生性金融商品的原理和性質，包括：「遠期合約」、「期貨」、「選擇權」和「交換」：

第一節　遠期合約

遠期合約（forward contract）簡稱「遠期」（forward），是買賣雙方議定在**未來特定時間點**，以**今日議定價格**交易標的物的合約。

【範例45】咖啡豆遠期合約

大金咖啡廳採用台灣原產有機咖啡豆，但由於季節和天災等等因素，咖啡豆價格會有波動——颱風導致歉收，價格飆漲；豐收導致價格大跌——使得成本控制相當困難。因此，3月1日那天，大金決定和咖啡果農簽訂一份合約：議定於9月1日那天，採購咖啡豆100磅@300。這就成立了一份遠期合約。

這份合約的好處在於，大金確保了成本可控的貨源，而咖啡果農也確保了價格穩定的銷售，可謂雙贏——這就是遠期最大的好處。

• 同學應該很容易可以發現，這份合約的本質仍是買賣雙方對賭：

——假設今年夏天颱風頻仍，使得咖啡豆價格大漲，9月1日時的市價已經漲到@400。那麼大金相當於賺到(@400 − @300)×100 = 10K ；而咖啡果農相當於少賺（虧損）了10K。

——假設今年咖啡大豐收，使得咖啡豆的價格在9月1日跌至@200。那麼大金相當於多付（賠）(@300 − @200)×100 = 10K ；而咖啡果農相當於多賺了10K。

• 更有趣的是，請這樣思考：

假設有另一家「雙光」咖啡店，也想要在9月1日買100磅咖啡豆。但是找不到有願意出售咖啡豆的果農，那怎麼辦？

很簡單啊，雙光可以向開心購買這一紙遠期合約就行了。也就是，開心可以「賣合約」，自己雖然不種咖啡，依然可以在9月1日賣出100磅咖啡豆！

相對的，咖啡果農也可以把這一紙合約賣給第三者，獲取一筆利潤。（過程請自行推理）

也就是說，這一紙遠期合約（不一定真的有紙喔！），本身就有價值。

- 更更有趣的是，請這樣思考：

假設9月1號到了，大金是否真的要親自上山去花30K買100磅咖啡豆回家？

不必！

——假設9月1日咖啡豆市價是@400，大金可以很容易的以低於@400的價格，好比@399，把合約賣給市場上的其他買家。然後淨賺@399－@300 ＝ @99的價差就可以了。

——假設9月1日咖啡豆市價是@200，大金只要認賠，付合約價差10K給果農；果農自己再把咖啡豆拿到市場上去賣給其他人就行了。

也就是說，買賣咖啡豆根本不用接觸到咖啡豆。和咖啡豆在哪裡，怎麼運送，都沒太大關係。

- 更更更有趣的是，請這樣思考：

若有一家「開心文創」根本就沒開咖啡廳，也沒種咖啡豆，可不可以從事咖啡豆買賣的生意？當然可以，買賣遠期合約就行了。

也就是說，遠期合約和其標的物（咖啡豆），根本沒關係。

- 我最愛的是這樣思考：

比照這個原理，開心文創可不可以買賣人馬座星雲的某個行星？或者「根本不存在世界上」的獨角獸？

當然100%可以，有人願意買、有人願意賣就行了啊！

你仔細思考，這就和你根本沒到香港去看過賽馬也可以賭馬是一樣的道理。

這也是為什麼大家都對衍生性金融商品似懂非懂、又愛又恨的原因。

第二節　期貨合約

期貨合約（Future contracts），簡稱「期貨」（Futures），其實就是「標準化」的遠期合約，可以在公開市場（期貨交易所）進行交易。比如黃豆豆粕以「美元／噸」進行交易，石油以「美元／桶」進行交易。「現在」合約的標的物稱為「堤貨」，合約到期日的標的物稱為「期貨」。

一般而言，期貨可分為兩大類：

(1) 商品期貨：包括農產品期貨，如棉花、大豆、小麥、玉米、白糖、咖啡、豬腩、菜籽油、天然橡膠、棕櫚油、紅酒、家禽家畜等；金屬期貨，如銅、鋁、錫、鋅、鎳、黃金、白銀等；能源期貨：如原油、汽油、燃料油等。還有一些新興型態如氣溫、二氧化碳和二氧化硫排放配額等[2]，全都在期貨交易所就可以進行交易。（再次提醒：期貨買賣和標的物沒有關係，你真的不需要擔心怎麼把鈾燃料搬回家。）

和文創產業相關的期貨有電影票房、電視收視率、演藝人員身價、書籍銷售量、遊戲銷售量……，甚至連運動球隊的戰績、選舉的結果、政客的民意支持度……也都有期貨可以玩。

(2) 金融期貨：建立於其他金融商品價格上的期貨，如股價指數期貨（index future），簡稱「期指」；債券期貨、利率期貨、匯率期貨……。

同學若理解了衍生性金融商品與其標的物並不相關的道理，就知道在期貨市場裡，買賣哪一種商品的交易本質都一樣，只是在價格數字上對賭。對投資人（賭客）來說，賭什麼都一樣，並不關心標的物的實體性質，只關心期貨本身的量價資訊而已。也因此，市場裡成交量最大，最多人參與的交

2　引自維基百科　https://zh.wikipedia.org/wiki/%E6%9C%9F%E8%B4%A7

易，通常是期指，因為這比較不會找不到交易對象，遇到資金流動性的問題。

要買賣期貨只要到證券公司去開個期貨帳戶，每次交易前繳交「履約保證金」（通常是合約價值的5%-10%）就行了。履約保證金的用意，是用以保證交易人在合約到期日會履行合約（通常是每月月底）進行「平倉」（也就是認輸認贏）。如果在合約持有期間，虧損超過一定程度，交易所會要求補足保證金，否則就直接強制認賠。

期貨交易由交易所每日統一結算，又稱「逐日盯市」——每日交易結束後，交易所按當日價格結算所有合約的盈虧、交易按金及手續費、稅金等費用，同時匯款交割。也就是說，今日輸贏今日清，明天還要賭再說。

期貨是「現在」決定價格，而在將來合約到期之日（即每月月底結算日）才作結算。在結算日當天，期貨價格應該等於現貨價格，因此期指的現價根本是對未來到期日市價的「預測值」。換句話說，我們可以**用期貨的價格來預測現貨的價格，而現貨價格就是期貨價格的實現**。

再由於現貨和期貨是獨立在各自的市場交易，價格不一定會相同。當期貨價格高於現貨價格，稱之為「正價差」（或升水premium），代表期貨市場的投資者願意以較現貨市場為高的價格去購買期貨，看漲後市。而當期貨價格低於現貨價格，稱之為「逆價差」（或貼水discount），代表期貨市場的投資只願以較現貨市場低的價格去購買期貨，看跌後市。應用「效率市場假說」來推理，我們可以說現貨的價格會逐步逼近期貨，正逆價差都會逐漸縮小，終於弭平。

我想進一步討論這種期貨的預測功能——

只要細想就能發現，任何對於未來事件結果的預測，或稱作「賭局」，都可以看做是一種「期貨」。比如：預測今晚球賽的結果、預測選舉的結果、預測電影票房⋯⋯都可以看做是一種「期貨」。買賣期貨，就好像在預測上押注。比如，你預測洋基隊今晚球賽會得5分，決定下注100元，賠率

1賠1，就相當於買了「洋基隊今晚球賽會得5分」的期貨。然後，你進場看球，隨著球賽進行，「現貨」價格（也就是洋基隊目前得分）就會不斷揭露出來。假設洋基隊目前得了6分，相當於你有正價差；假設洋基隊目前只得4分，相當於你有逆價差。一直到比賽結束，就要平倉結算出輸贏金額——贏的話，拿200元回家；輸的話0元。你也可以每局都下注，每局結算。這就相當於期貨市場中的「逐日盯市」。

因此，我們可以反過來想，要是想預測某種未來事件的結果，只要巧妙的設計期貨出來就行了。台灣有「未來事件交易所」http://xfuture.org/，有各種事件的預測期貨（也就是賭局），有興趣的同學可以上去看看。通常，預測結果會比各種問卷調查、民意調查……還準確。道理很簡單，買賣期貨（下注）是要花錢的，被調查對象一定會很認真回答啊！甚至會有「比馬龍效應」（Pygmalion effect）產生。

第三節　選擇權

選擇權（Option），可以看成是一種期貨的變形。是指根據標的物（如股權、期指或其他實體商品）在未來特定時間（到期日）與價格（行使價，strike price），投資人所擁有的交易選擇權，分為「買權」（call option）及「賣權」（put option）兩大類。

- 買權（call option）：指在特定時間（或以後），可以以議定價格買入標的物的權利。比如：施曼妮可以買入開心文創公司股票的「買權」，約定在三年後可以@100買入該股票；但到時施曼妮完全可以「棄權」決定不買。
- 賣權（put option）：指在特定時間（或以後），可以以議定價格賣出標的物的權利。比如：施曼妮可以買入開心文創公司股票的「賣權」，約定在三年後可以用@100賣出該股票；但到時施曼妮完全可以

「棄權」決定不賣。（在這裡要重複「股票放空」章節說過的道理：施曼妮完全不必擔心到期時手上有沒有股票，她可以借股票來賣。）

選擇權和期貨一樣，與標的物分別在不同的市場交易。也就擁有自己的獨立價格。選擇權的價格就是擁有這項權利所付出的權利金，由市場決定。一旦到了到期日，選擇權就會失去效力，也就失去交易價值。

選擇權交易是一種零和交易，有買方就有相對的賣方，有賣方就有相對的買方；有一方輸，就有一方贏，數量與價值相等。因此，在同一標的物上，就會衍生出四種交易方式，舉例說明如下：

- 買入買權（long call）：施曼妮以少量權利金向開心文創公司買入「三年後以@100購入股票」的買權（long call）。三年後的到期日，若股價高於@100（如@150），施曼妮就會選擇執行買權，以@100買入開心文創的股票，潛在利潤@150 － @100 = @45 再減去權利金。若到期日時，股價低於@100，施曼妮選擇棄權，損失權利金（賠錢）。

- 賣出買權（short call）：與long call是成對的交易。在上面的例子中，開心文創short call。盈虧條件與金額正好與施曼妮相反。

- 買入賣權（long put）：施曼妮以少量權利金向開心文創公司買入「三年後以@100賣出股票」的賣權（long put）。三年後的到期日，若股價高於@100，施曼妮就會選擇棄權，損失權利金5元。若到期日時，股價低於@100（如@50），施曼妮就會選擇執行賣權，以100元賣出開心文創的股票，潛在利潤@100 － @50 = @45（賺錢）。

- 賣出賣權（short put）：與long put是成對的交易。在上面的例子中，開心文創short put。盈虧條件與金額正好與施曼妮相反。

買進權利的一方（買方）必須支付權利金（即選擇權價格）賣出權利的一方（賣方），才能擁有選擇權。而賣出權利的一方（賣方）必須支付保證金給交易所，確保到期時若買方要行使權利，可以履行義務。與期貨類似，保證金不足時，由交易所追繳或強制平倉。

選擇權的評價方式與交易策略相當複雜，請有興趣的同學自行研究。在此，我們想討論的是「選擇權」概念的應用：

第一、選擇權也具有價格預測的功能。在上例中，若施曼妮願意買入三年後@100的買權，那代表施曼妮預期三年後開心文創的股價超過@100（加權利金）。若這權利金就是現在市場的均衡價格（市價），那代表市場認同施曼妮的看法──開心文創的後勢看好。如果施曼妮錯估形勢（價格），根據效率市場假說，市場就會做出相對的價格修正，給予施曼妮懲罰（或獎賞）。尤其在投資人就是內部人（公司的老闆、員工、股東……）時，價格預測會更準確。

　　因此，選擇權也常作為員工薪酬方案的重要項目。尤其是新創公司往往缺乏現金，又需要員工與公司一起打拼。那不妨**將獎金或薪水的一部分改以選擇權來發放，可以有效達成誘因相容的效果，以避免代理問題**。比如在上面的例子中，如果施曼妮是開心文創的經理人，年終獎金改以選擇權來發放，那麼，三年中，她應該會好好努力，讓公司股價在三年後超過@100，越高越好，那麼她的選擇權可就值錢啦！

第二、選擇權有財務槓桿的效果。買賣選擇權，可以以小搏大──以相對於標的物價格極少的權利金，就可以搏取幾乎無上限的利潤。但是也請別忘了，損失也是無下限，還是要謹慎才行。

第三、**「選擇」本身就有價值**。未來不可知，在許多長期投資專案的進行過程中，會存在太多的變數，使得當初的投資評估失準，產生「極大」的風險。尤其是在文創產業，創意作品種種「不確定性」的影響，使得風險更形擴大。也進一步影響到整體產業投融資的規模與意願。

【範例46】專案製作的選擇權

製作一款電玩遊戲，從創意發想、組織團隊、企劃、角色設計、程式設計、美工、攝影、⋯⋯一直到發行上市，往往要經過數年的時間。在這麼長的時間中，每一個環節都有可能會出問題，因而影響到最後的營收表現。如果按傳統的投資評估模式，根據一開始的NPV、IRR去執行，得承受相當大的風險。也因此，遊戲產業的投融資始終沒辦法興盛暢旺。

如果採取「選擇權」的模式來評估投資專案，就可以有效解決這類問題。比如，**把長期性的專案分期分段來評估，每一期設定一個抉擇點（cut-off），如果滿足了預設的計畫進度，就繼續加碼投資；如果沒能完成，就選擇「棄權」**——那就可以有效的控制風險。

製作人拿著創意提案來時，不要立刻做全案的投資評估，投資一筆大錢。應該先投資一筆小錢，相當於long call，要求他把創意發展成完整的企劃，然後再做第二階段的評估。如果滿意企劃，那就執行買權，再投資第二階段的一筆小錢（再買入買權），比如要求找到業界最厲害的程式設計師和美工人員，然後做第三階段的評估⋯⋯如此繼續下去，分段評估，在任何一個抉擇點都可以棄權。那投資風險就會降到最低的程度。

反過來說，假設你是選擇權的賣方，也應該知道要收取權利金，因為提供選擇是有價值的。比如你是本例中的遊戲製作人，拿著創意發想去找投資的時候，切莫接受「你先做好企劃再來談」的說法，那就相當於免費提供選擇權了。應該要爭取「先投資我一筆小錢，我做好再來談下一階段投資。」以此類推。

總之，所有的文創工作者都應該要好好學會「選擇權」的概念才對啊！

第四節　信用違約交換

信用違約交換（swap），又簡稱為「信用交換」或「交換」，可以說是

「保險」的變形。

【範例47】交換

　　施達樂擁有雙光文化公司的債券，但是又很擔心雙光文化付不出利息，甚至倒債。因此，他付出一筆保險費向保險公司買進一張「信用交換」合約，約定萬一雙光公司違約（default）時，保險公司要代替雙光文化，償付施達樂所有的損失。這就相當於施達樂把雙光文化的信用違約風險，交易給保險公司，因此這種合約就叫做「信用違約交換」。

　　與其他衍生性商品相同，信用違約交換與其標的物（債券、抵押貸款、消費貸款……）也是在不同的市場獨立交易。也就是說，投資信用違約交換的投資人，根本也不用持有標的物。在本例中，施達樂即使沒有雙光文化公司的債券，照樣可以向「保險公司」買一張雙光文化的交換。也就是說，雙光文化一旦違約，其實施達樂並沒有債券的投資損失，但卻「賺到」了保險公司的償付——這就是交換的獲利來源。

　　這樣理解會比較簡單：這紙交換合約，相當於施達樂與保險公司對賭「雙光文化會不會違約？」假設雙光沒違約，保險公司賺到保險費，施達樂輸錢；假設雙光違約，保險公司賠付所有損失，施達樂贏錢。

　　更進一步思考，交換合約的賣方也不一定要保險公司啊！任何願意和買方簽約對賭的投資人，都可以是賣方。

　　所以我們知道，**信用違約交換適合用在買賣雙方對某項資產的債務／信用看法不一致的場合**。如果你看好某項資產，賣出信用違約交換；如果你看壞某項資產，買入信用違約交換，就這麼簡單。

　　我常常這樣想，台灣不是很多人不看好文化創意產業嗎？覺得文創沒搞頭！

　　來嘛，來跟我們認真搞文創的人對賭，我賣你信用違約交換。

【專題】以衍生性金融商品實現文創夢：從「社會債券」談起

在第一章「金錢的本質」中，我曾經談到財務管理這門科目，是奠基在「利之中取大，害之中取小」的功利主義思想基礎上的「資本主義」運作模式。進一步，也批判了藝文領域中普遍存在的「窮藝術家」思維模式。同學或許會以為，這個取向與著重「社會公益性」理想背道而馳，也不可能應用於非營利性取向的藝文組織或社區營造工作。

所以，最後一個專題我想要出乎你意料之外，談談如何應用衍生性金融商品的設計，來滿足公益性的社會目標，實現非營利性組織的文創夢。也就是，用萬惡的資本主義來美好的社會主義夢想啦！

首先，要從近年來頗熱門的「社會影響力債券」（SIB, Social Impact Bond），又簡稱為「社會債券」談起——

全球第一檔社會債券，是在2010年在英國發行。為了降低劍橋郡彼得伯洛地區（Peterborough, Cambridge）的輕罪受刑人（即「更生人」）再犯率，司法部和民間基金公司合作發行SIB。運作方式如下：

(1) 由政府（或稱「要約人」、「出資者」）設定履約目標：在本例中是降低目標地區再犯率7.5%。

(2) 民間SIB基金管理公司與政府分別估計履約所需費用（即執行預算）。

(3) 雙方協商履約條件，簽訂合約。

(4) SIB向一般投資人募集所需資金：在本例中，SIB從十七位社會投資者（不一定是善心人士）募得5M lb。

(5) SIB執行專案（工程），以履行合約：本例中，SIB管理公司進行了一連串更生人輔導措施，有效降低再犯率。

(6) 檢視效益。若滿足履約目標，出資人依約出資，SIB分配盈餘；若未完成，則不出資。亦即，SIB一毛錢都拿不到，其投資人承受所有損失。

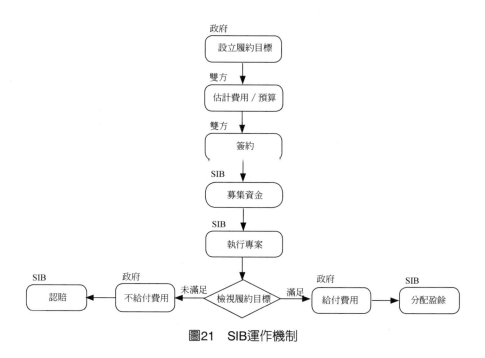

圖21 SIB運作機制

$$SIB的利潤空間 = 預期財政支出 - 實際執行支出$$

在本例中，投資人的投資報酬率與再犯率呈反向變動，若再犯率降越多，則投資人的獲利越多。

這是史上第一個SIB成功案例。分析其成功關鍵因素（key success factor）有兩點，也衍生出SIB的兩大優點，分析如下：

第一、**建立簡單明確、可客觀評估的履約標的**。

以往類似的公共工程都是採取「招標」的方式進行，由政府部門評估專案難度，編列預算後招標。先支出一部分的「訂金」（頭期款），再依工程進度與效果（KPI）來支付尾款。這中間，KPI可能會相當的複雜，而且難以評估其達成與否。

比如在文創產業的標案中，履約目標可能會是藝術作品，含有抽象性、需要主觀評估的美感價值。比如：社區彩繪。完成的作品是不是達到預設的履約目標？常常會變成合約雙方「各自表述」的情境，而產生許多的執行上的困難。在台灣甚至會演變成政治性的爭議，使真正的藝術家避之惟恐不及。

SIB的精神是設定簡單明確、可客觀評估的履約目標。比如在本例中，「再犯率降低7.5%與否」是鐵打鐵、無可質疑爭辯的標準。

這一點，也衍生出SIB能「**具體與社會效益連結**」的優點──

一般的「公益基金」、「慈善債券」，純粹就是從社會大眾募集資金，然後固定／不固定配息，運作方式與政府公債無異。因而常遭致批評是「掛羊頭賣狗肉」──名字很好聽是作公益，但私底下卻只關心投資盈利──其產生的社會效益往往不高。

SIB最大的好處就是能明明白白、具體的與社會效益連結。產生的效果，每個人都看得到。自然就能提高投資人與公眾參與的意願。

第二、**解決「公部門效能不彰」的代理人問題**。

「將社會問題交給公部門解決」是左傾社會主義「大政府」思維最重要的特徵。問題出在公部門「花的不是自己的錢」，而是公共預算（納稅人的錢）。因而造成了我們在本書中一再強調的「代理人問題」。

解決同一個問題，由民間私部門來做一定會比政府公部門來做效率更高，花的錢更少。因此，這兩者之間的預算差距，就變成SIB的利潤來源。舉例而言，政府要花100M才能解決的問題，SIB為了追求利潤，80M就解決了。那中間差的20M就變成政府、SIB與社會大眾的「共同利益」，豈不是皆大歡喜？

這衍生出來的好處，就是SIB能「**促進創新**」。在台灣，也有有識之士在提倡「績效／成功導向的付酬機制」（pay for performance/success）的財政制

度創新做法。[3]就是由SIB的概念而來。SIB成功的將解決問題的責任轉移到私部門身上（誘因相容）。為了利潤動機，他們就會絞盡腦汁，想出更具創新性的問題解決方法。間接促成了社會創新。

由於這些優點與好處，英美相繼發行各式的SIB，盼能達到包括改善治安、提升識字率、提升藝文風氣……的效果，但是實施結果不盡理想。

主要還是因為大部分的社會問題相當複雜，要找到明確又客觀的單一指標，用來評鑑SIB的效果，沒那麼簡單。比如說，改善治安單看犯罪率適當嗎？提升國民教育程度，單看識字率適當嗎？或者更難的，怎麼評估藝文風氣的確改善呢？

另外，在2008金融風暴後，投資大眾對於衍生性金融商品又愛又怕的心理，也對SIB的發展造成障礙。只要仔細檢驗SIB的運作方式，不難發現它是一份「問題解決」導向的合約。它不只是債券，而是多種衍生性金融商品的混合體──

對基金管理公司而言，其實它是「社會效益」的選擇權（賣權 put）。SIB short put賣出買權，只要達到履約條件，就有權賣出「效益」。而政府則是long put，買入賣權。

對SIB投資人而言，更不是買到一個固定配息的債券。而是買到一個權利金很高，槓桿倍數很低的「買權」（long call）──當達到履約目標，才像買到債券；若沒達到目標，則啥都沒有──是一個「投資人很吃虧」的金融商品。若非有滿懷慈善心，才不會有意願承購。從這觀點來看，SIB也算是激發了社會的善良品德，達到提倡公益的目標啦！

高盛集團參與了當初SIB的設計，其負責人Alicia Glen說得很好：「市場

---

3 天下雜誌「獨立評論」《盧俊偉：轉個彎，文化預算也可以「社會投資」！》2016/06/17 http://opinion.cw.com.tw/blog/profile/388/article/4410

若能更瞭解債券利益回收的狀況及潛在風險，這才能真正促使他們來進行投資。」⁴SIB帶來的創新有利有弊。但同學一定要瞭解：創新要成功，要所有的事都做好才會成功；但失敗，只要其中一件沒做好就會失敗。最重要的是從失敗中學習。

總結以上，如何將SIB的原理應用在文創產業上呢？你可以從「明確具體的履約目標」開始思考。在你夢想的藝文事業中，要如何滿足這一點要求？

比如，你想「營造美好的社區文化」。單這麼講是不夠的，要找出具體履約目標，最好是產出結果指標，而不是投入過程指標。比如鄰里間發生糾紛，進入法律調解程序的案件數每年要少於10件；社區藝文活動參與率要達到30%以上。

比如你想「保存文化資產」。單這麼講是不夠的，要找出具體履約目標，最好是產出結果指標，而不是投入過程指標。比如古蹟大廟、先人圖書要能保持2015年的狀況50年（50年期SIB）。

比如你想「振興出版產業」。單這麼講是不夠的，要找出具體履約目標，最好是產出結果指標，而不是投入過程指標。比如國人平均每年購書量達到10本。

然後依照前面講過的流程來設計、執行SIB。值得大家試試。

4　社企流《社會效益債券：福利？無力？》　http://www.seinsights.asia/taxonomy/term/313

重點回顧

- 對於衍生性金融商品,不懂就會賠錢。

- 無論何種衍生性金融商品,本質都是一份合約。簡單說就是買賣雙方對賭。

- 遠期合約簡稱「遠期」,是買賣雙方議定在未來特定時間點,以今日議定價格交易標的物的合約。

- 期貨合約簡稱「期貨」,可以在公開市場進行交易。「現在」合約的標的物稱為「現貨」,合約到期日的標的物稱為「期貨」。可分為兩大類:(1)商品期貨;(2)金融期貨。

- 用期貨的價格來預測現貨的價格,而現貨價格就是期貨價格的實現。

- 選擇權,可以看成是一種期貨的變形。根據標的物在未來特定時間與價格,投資人所擁有的交易選擇權。分為「買權」(call option)及「賣權」(put option)兩大類。

- 買權:指在特定時間(或以後),可以以議定價格買入標的物的權利。

- 賣權:指在特定時間(或以後),可以以議定價格賣出標的物的權利。

- 選擇權具有價格預測的功能、財務槓桿的效果、選擇本身就有價值。

- 將獎金或薪水的一部分改以選擇權來發放,可以有效達成誘因相容的效果,以避免代理問題。

- 建立選擇權契約:把長期性的專案分期分段來評估,達成階段目標再繼續投資;否則放棄。

- 信用違約交換又簡稱為「信用交換」或「交換」,可以說是「保險」的變形。

- 信用違約交換適合用在買賣雙方對某項資產的債務／信用看法不一致的場合。

- SIB成功案例分析：(1)建立簡單明確、可客觀評估的履約標的；(2)解決「公部門效能不彰」的代理人問題。
- 解決同一個問題，由民間私部門來做一定會比政府公部門來做效率更高，花的錢更少。

習題

1. 請觀賞電影《大賣空》（the big short）、《大到不能倒》（too big to fail），並寫下簡短的心得。
2. 請設計一個期貨商品，可以用來預測電影票房收入。
3. 違建氾濫，台灣的城市景觀乏善可陳。請利用SIB的原理，設計衍生性金融商品來解決這個問題。

參考書目

Bygrave (2010)。《創業管理》。台北市：華泰文化。

Joseph W. Bartlett (2002)。《認識創業投資》。台北市：臉譜。

大衛‧布魯克斯著，陳筱宛譯（2012）。《社會性動物：愛、性格與成就的來源》。台北市：商周。

艾瑞克‧萊斯著，廖宜怡譯（2012）。《精實創業：用小實驗玩出大事業》。台北市：行人。

周德禎主編（2011）。《文化創意產業：理論與實務》。台北市：五南。

施百俊著（2012）。《開心玩文創：從0到億的創新魔法書》。台北市：書泉。

施百俊著（2015）。《文創產業企劃實務》。台北市：五南。

柳井正著（2010）。《一勝九敗》。台北市：天下雜誌。

約書亞‧格林著，高忠義譯（2015）。《道德部落》。台北市：商周。

庫倫‧羅奇著，陳儀譯（2015）。《資本主義投資說明書》。台北市：大寫。

理查‧塞勒著，劉怡女譯（2016）。《不當行為：行為經濟學之父教你更聰明的思考》。台北市：先覺。

鈴木敏夫著，黃文娟譯（2016）。《吉卜力的風》。上海：上海譯文。

附　錄

附表1　FVIF終値利率因子表

時間	1%	2%	3%	4%	5%	6%	7%	8%	9%	10%	12%	14%	16%	18%	20%	25%	30%
1	1.01	1.02	1.03	1.04	1.05	1.06	1.07	1.08	1.09	1.10	1.12	1.14	1.16	1.18	1.20	1.25	1.30
2	1.02	1.04	1.06	1.08	1.10	1.12	1.14	1.17	1.19	1.21	1.25	1.30	1.35	1.39	1.44	1.56	1.69
3	1.03	1.06	1.09	1.12	1.16	1.19	1.23	1.26	1.30	1.33	1.40	1.48	1.56	1.64	1.73	1.95	2.20
4	1.04	1.08	1.13	1.17	1.22	1.26	1.31	1.36	1.41	1.46	1.57	1.69	1.81	1.94	2.07	2.44	2.86
5	1.05	1.10	1.16	1.22	1.28	1.34	1.40	1.47	1.54	1.61	1.76	1.93	2.10	2.29	2.49	3.05	3.71
6	1.06	1.13	1.19	1.27	1.34	1.42	1.50	1.59	1.68	1.77	1.97	2.19	2.44	2.70	2.99	3.81	4.83
7	1.07	1.15	1.23	1.32	1.41	1.50	1.61	1.71	1.83	1.95	2.21	2.50	2.83	3.19	3.58	4.77	6.27
8	1.08	1.17	1.27	1.37	1.48	1.59	1.72	1.85	1.99	2.14	2.48	2.85	3.28	3.76	4.30	5.96	8.16
9	1.09	1.20	1.30	1.42	1.55	1.69	1.84	2.00	2.17	2.36	2.77	3.25	3.80	4.44	5.16	7.45	10.60
10	1.10	1.22	1.34	1.48	1.63	1.79	1.97	2.16	2.37	2.59	3.11	3.71	4.41	5.23	5.19	9.31	13.79
11	1.12	1.24	1.38	1.54	1.71	1.90	2.10	2.33	2.58	2.85	3.48	4.23	5.12	6.18	7.43	11.64	17.92
12	1.13	1.27	1.43	1.60	1.80	2.01	2.25	2.52	2.81	3.14	3.90	4.82	5.94	7.29	3.92	14.55	23.30
13	1.14	1.29	1.47	1.67	1.89	2.13	2.41	2.72	3.07	3.45	4.36	5.49	6.89	8.60	0.70	18.19	30.29
14	1.15	1.32	1.51	1.73	1.98	2.26	2.58	2.94	3.34	3.80	4.89	6.26	7.99	10.15	2.84	22.74	39.37
15	1.16	1.35	1.56	1.80	2.08	2.40	2.76	3.17	3.64	4.18	5.47	7.14	9.27	11.97	5.41	28.42	51.19
16	1.17	1.37	1.60	1.87	2.18	2.54	2.95	3.43	3.97	4.59	6.13	8.14	10.75	14.13	18.49	35.53	66.54
17	1.18	1.40	1.65	1.95	2.29	2.69	3.16	3.70	4.33	5.05	6.87	9.28	12.47	16.67	22.19	44.41	86.50
18	1.20	1.43	1.70	2.03	2.41	2.85	3.38	4.00	4.72	5.56	7.69	10.58	14.46	19.67	25.62	55.51	112.46
19	1.21	1.46	1.75	2.11	2.53	3.03	3.62	4.32	5.14	6.12	8.61	12.06	16.78	23.21	31.95	69.39	146.19
20	1.22	1.49	1.81	2.19	2.65	3.21	3.87	4.66	5.60	6.73	9.65	13.74	19.46	27.39	35.40	86.74	190.05
25	1.28	1.64	2.09	2.67	3.39	4.29	5.43	6.85	8.62	10.83	17.00	26.46	40.87	62.67	95.40	264.70	705.64
30	1.35	1.81	2.43	3.24	4.32	5.74	7.61	10.06	13.27	17.45	29.96	50.95	85.85	143.37	237.38	807.79	2,620.00
35	1.42	2.00	2.81	3.95	5.52	7.69	10.68	14.79	20.41	28.10	52.80	98.10	180.31	328.00	590.67	2,465.19	9,727.86
40	1.49	2.21	3.26	4.80	7.04	10.29	14.97	21.72	31.41	45.26	93.05	188.88	378.72	750.38	1,469.77	7,523.16	36,118.86
45	1.56	2.44	3.78	5.84	8.99	13.76	21.00	31.92	48.33	72.89	163.99	363.68	795.44	1,716.68	3,657.26	22,958.87	134,106.82
50	1.64	2.69	4.38	7.11	11.47	18.42	29.46	46.9	74.36	117.39	289	700.23	1,670.70	3,927.36	9,130.44	70,064.92	497,929.22

附表2　PVIF現值利率因子表

期間	1%	2%	3%	4%	5%	6%	7%	8%	9%	10%	12%	14%	16%	18%	20%	25%	30%
1	0.99	0.98	0.97	0.96	0.95	0.94	0.93	0.93	0.92	0.91	0.89	0.88	0.86	0.85	0.83	0.80	0.77
2	0.98	0.96	0.94	0.92	0.91	0.89	0.87	0.86	0.84	0.83	0.80	0.77	0.74	0.72	0.69	0.64	0.59
3	0.97	0.94	0.92	0.89	0.86	0.84	0.82	0.79	0.77	0.75	0.71	0.67	0.64	0.61	0.58	0.51	0.46
4	0.96	0.92	0.89	0.85	0.82	0.79	0.76	0.74	0.71	0.68	0.64	0.59	0.55	0.52	0.48	0.41	0.35
5	0.95	0.91	0.86	0.82	0.78	0.75	0.71	0.68	0.65	0.62	0.57	0.52	0.48	0.44	0.40	0.33	0.27
6	0.94	0.89	0.84	0.79	0.75	0.70	0.67	0.63	0.60	0.56	0.51	0.46	0.41	0.37	0.33	0.26	0.21
7	0.93	0.87	0.81	0.76	0.71	0.67	0.62	0.58	0.55	0.51	0.45	0.40	0.35	0.31	0.28	0.21	0.16
8	0.92	0.85	0.79	0.73	0.68	0.63	0.58	0.54	0.50	0.47	0.40	0.35	0.31	0.27	0.23	0.17	0.12
9	0.91	0.84	0.77	0.70	0.64	0.59	0.54	0.50	0.46	0.42	0.36	0.31	0.26	0.23	0.19	0.13	0.09
10	0.91	0.82	0.74	0.68	0.61	0.56	0.51	0.46	0.42	0.39	0.32	0.27	0.23	0.19	0.16	0.11	0.07
11	0.90	0.80	0.72	0.65	0.58	0.53	0.48	0.43	0.39	0.35	0.29	0.24	0.20	0.16	0.13	0.09	0.06
12	0.89	0.79	0.70	0.62	0.56	0.50	0.44	0.40	0.36	0.32	0.26	0.21	0.17	0.14	0.11	0.07	0.04
13	0.88	0.77	0.68	0.60	0.53	0.47	0.41	0.37	0.33	0.29	0.23	0.18	0.15	0.12	0.09	0.05	0.03
14	0.87	0.76	0.66	0.58	0.51	0.44	0.39	0.34	0.30	0.26	0.20	0.16	0.13	0.10	0.08	0.04	0.03
15	0.86	0.74	0.64	0.56	0.48	0.42	0.36	0.32	0.27	0.24	0.18	0.14	0.11	0.08	0.06	0.04	0.02
16	0.85	0.73	0.62	0.53	0.46	0.39	0.34	0.29	0.25	0.22	0.16	0.12	0.09	0.07	0.05	0.03	0.02
17	0.84	0.71	0.61	0.51	0.44	0.37	0.32	0.27	0.23	0.20	0.15	0.11	0.08	0.06	0.05	0.02	0.01
18	0.84	0.70	0.59	0.49	0.42	0.35	0.30	0.25	0.21	0.18	0.13	0.09	0.07	0.05	0.04	0.02	0.01
19	0.83	0.69	0.57	0.47	0.40	0.33	0.28	0.23	0.19	0.16	0.12	0.08	0.06	0.04	0.03	0.01	0.01
20	0.82	0.67	0.55	0.46	0.38	0.31	0.26	0.21	0.18	0.15	0.10	0.07	0.05	0.04	0.03	0.01	0.01
25	0.78	0.61	0.48	0.38	0.30	0.23	0.18	0.15	0.12	0.09	0.06	0.04	0.02	0.02	0.10	0.00	0.00
30	0.74	0.55	0.41	0.31	0.23	0.17	0.13	0.10	0.08	0.06	0.03	0.02	0.01	0.01	0.00	0.00	0.00
35	0.71	0.50	0.36	0.25	0.18	0.13	0.09	0.07	0.05	0.04	0.02	0.01	0.01	0.01	0.00	0.00	0.00
40	0.67	0.45	0.31	0.21	0.14	0.10	0.07	0.05	0.03	0.02	0.01	0.01	0.00	0.00	0.00	0.00	0.00
45	0.64	0.41	0.26	0.17	0.11	0.07	0.05	0.03	0.02	0.01	0.01	0.00	0.00	0.00	0.00	0.00	0.00
50	0.61	0.37	0.23	0.14	0.09	0.05	0.05	0.02	0.01	0.01	0.00	0.00	0.00	0.00	0.00	0.00	0.00

附表3 PVIFA 年金現值利率因子表

期間	1%	2%	3%	4%	5%	6%	7%	8%	9%	10%	12%	14%	16%	18%	20%	25%	30%
1	0.99	0.98	0.97	0.96	0.95	0.94	0.93	0.93	0.92	0.91	0.89	0.88	0.86	0.85	0.83	0.80	0.77
2	1.97	1.94	1.91	1.89	1.86	1.83	1.81	1.78	1.76	1.74	1.69	1.65	1.61	1.57	1.53	1.44	1.36
3	2.94	2.88	2.83	2.78	2.72	2.67	2.62	2.58	2.53	2.49	2.40	2.32	2.25	2.17	2.11	1.95	1.82
4	3.90	3.81	3.72	3.63	3.55	3.47	3.39	3.31	3.24	3.17	3.04	2.91	2.80	2.69	2.59	2.36	2.17
5	4.85	4.71	4.58	4.45	4.33	4.21	4.10	3.99	3.89	3.79	3.60	3.43	3.27	3.13	2.99	2.69	2.44
6	5.80	5.60	5.42	5.24	5.08	4.92	4.77	4.62	4.49	4.36	4.11	3.89	3.68	3.50	3.33	2.95	2.64
7	6.73	6.47	6.23	6.00	5.79	5.58	5.39	5.21	5.03	4.87	4.56	4.29	4.04	3.81	3.60	3.16	2.80
8	7.65	7.33	7.02	6.73	6.46	6.21	5.97	5.75	5.53	5.33	4.97	4.64	4.34	4.08	3.84	3.33	2.92
9	8.57	8.16	7.79	7.44	7.11	6.80	6.52	6.25	6.00	5.76	5.33	4.95	4.61	4.30	4.03	3.46	3.02
10	9.47	8.98	8.53	8.11	7.72	7.36	7.02	6.71	6.42	6.14	5.65	5.22	4.83	4.49	4.19	3.57	3.09
11	10.37	9.79	9.25	8.76	8.31	7.89	7.50	7.14	6.81	6.50	5.94	5.45	5.03	4.56	4.33	3.66	3.15
12	11.26	10.58	9.95	9.39	8.86	8.38	7.94	7.54	7.16	6.81	6.19	5.66	5.20	4.79	4.44	3.73	3.19
13	12.13	11.35	10.63	9.99	9.39	8.85	8.36	7.90	7.49	7.10	6.42	5.84	5.34	4.91	4.53	3.78	3.22
14	13.00	12.11	11.30	10.56	9.90	9.29	8.75	8.24	7.79	7.37	6.63	6.00	5.47	5.01	4.61	3.82	3.25
15	13.87	12.85	11.94	11.12	10.38	9.71	9.11	8.56	8.06	7.61	6.81	6.14	5.58	5.09	4.68	3.86	3.27
16	14.72	13.58	12.56	11.65	10.84	10.11	9.45	8.85	8.31	7.82	6.97	6.27	5.67	5.16	4.73	3.89	3.28
17	15.56	14.29	13.17	12.17	11.27	10.48	9.76	9.12	8.54	8.02	7.12	6.37	5.75	5.22	4.77	3.91	3.29
18	16.40	14.99	13.75	12.66	11.69	10.83	10.06	9.37	8.76	8.20	7.25	6.47	5.82	5.27	4.81	3.93	3.30
19	17.23	15.68	14.32	13.13	12.09	11.16	10.34	9.60	8.95	8.36	7.37	6.55	5.88	5.32	4.84	3.94	3.31
20	18.05	16.35	14.88	13.59	12.46	11.47	10.59	9.82	9.13	8.51	7.47	6.62	5.93	5.35	4.87	3.95	3.32
25	22.02	19.52	17.41	15.62	14.09	12.78	11.65	10.67	9.82	9.08	7.84	6.87	6.10	5.47	4.95	3.98	3.33
30	25.81	22.40	19.60	17.29	15.37	13.76	12.41	11.26	10.27	9.43	8.06	7.00	6.18	5.52	4.98	4.00	3.33
35	29.41	25.00	21.49	18.66	16.37	14.50	12.95	11.65	10.57	9.64	8.18	7.07	6.22	5.54	4.99	4.00	3.33
40	32.83	27.36	23.11	19.79	17.16	15.05	13.33	11.92	10.76	9.78	8.24	7.11	6.23	5.55	5.00	4.00	3.33
45	36.09	29.49	24.52	20.72	17.77	15.46	13.61	12.11	10.88	9.86	8.28	7.12	6.24	5.55	5.00	4.00	3.33
50	39.20	31.42	25.73	21.48	18.26	15.76	13.80	12.23	10.96	9.91	8.30	7.13	6.25	5.55	5.00	4.00	3.33

期間	1%	2%	3%	4%	5%	6%	7%	8%	9%	10%	12%	14%	16%	18%	20%	25%	30%
1	1.00	1.00	1.00	1.00	1.00	1.00	1.00	1.00	1.00	1.00	1.00	1.00	1.00	1.00	1.00	1.00	1.00
2	2.01	2.02	2.03	2.04	2.05	2.06	2.07	2.08	2.09	2.10	2.12	2.14	2.16	2.18	2.20	2.25	2.30
3	3.03	3.06	3.09	3.12	3.15	3.18	3.21	3.25	3.28	3.31	3.37	3.44	3.51	3.57	3.64	3.81	3.99
4	4.06	4.12	4.18	4.25	4.31	4.37	4.44	4.51	4.57	4.64	4.78	4.92	5.07	5.22	5.37	5.77	6.19
5	5.10	5.20	5.31	5.42	5.53	5.64	5.75	5.87	5.98	6.11	6.35	6.61	6.88	7.15	7.44	8.21	9.04
6	6.15	6.31	6.47	6.63	6.80	6.98	7.15	7.34	7.52	7.72	8.12	8.54	8.98	9.44	9.93	11.26	12.76
7	7.21	7.43	7.66	7.90	8.14	8.39	8.65	8.92	9.20	9.49	10.09	10.73	11.41	12.14	12.92	15.07	17.58
8	8.29	8.58	8.89	9.21	9.55	9.90	10.26	10.64	11.03	11.44	12.30	13.23	14.24	15.33	16.50	19.84	23.86
9	9.37	9.75	10.16	10.58	11.03	11.49	11.98	12.49	13.02	13.58	14.78	16.09	17.52	19.09	20.80	25.80	32.01
10	10.46	10.95	11.46	12.01	12.58	13.18	13.82	14.49	15.19	15.94	17.55	19.34	21.32	23.52	25.96	33.25	42.62
11	11.57	12.17	12.81	13.49	14.21	14.97	15.78	16.65	17.56	18.53	20.65	23.04	25.73	28.76	32.15	42.57	56.41
12	12.68	13.41	14.19	15.03	15.92	16.87	17.89	18.98	20.14	21.38	24.13	27.27	30.85	34.93	39.58	54.21	74.33
13	13.81	14.68	15.62	16.63	17.71	18.88	20.14	21.50	22.95	24.52	28.03	32.09	36.79	42.22	48.50	68.76	97.63
14	14.95	15.97	17.09	18.29	19.60	21.20	22.55	24.21	26.02	27.97	32.39	37.58	43.67	50.82	59.20	86.95	127.91
15	16.10	17.29	18.60	20.02	21.58	23.28	25.13	27.15	29.36	31.77	37.28	43.84	51.66	60.97	72.04	109.69	167.29
16	17.26	18.64	20.16	21.82	23.66	25.67	27.89	30.32	33.00	35.95	42.75	50.98	60.93	72.94	87.44	138.11	218.47
17	18.43	20.01	21.76	23.70	25.84	28.21	30.84	33.75	36.97	40.54	48.88	59.12	71.67	87.07	105.93	173.64	285.01
18	19.61	21.41	23.41	25.65	28.13	30.91	34.00	37.45	41.30	45.60	55.75	68.39	84.14	103.74	128.12	218.04	371.52
19	20.81	22.84	25.12	27.67	30.54	33.76	37.38	41.45	46.02	51.16	63.44	78.97	98.60	123.41	154.74	273.56	483.97
20	22.02	24.30	26.87	29.78	33.07	36.79	41.00	45.76	51.16	57.27	72.05	91.02	115.38	146.63	186.69	342.94	630.17
25	28.24	32.03	36.46	41.65	47.73	54.86	63.25	73.11	84.70	98.35	133.33	181.87	249.21	342.60	471.98	1054.79	2348.80
30	34.78	40.57	47.58	56.08	66.44	79.06	94.46	113.23	136.31	164.49	241.33	356.79	530.31	790.95	1181.88	3227.17	8729.99
35	41.66	49.99	60.46	73.65	90.32	111.43	138.24	172.32	215.71	271.02	431.66	693.57	1120.71	1816.65	2948.34	9856.76	32422.87
40	48.89	60.40	75.40	95.03	120.80	154.76	199.64	259.05	337.88	442.59	767.09	1342.03	2360.76	4163.21	7343.86	30088.66	120392.88
45	56.48	71.89	92.72	121.03	159.70	212.74	285.75	386.51	525.86	718.90	1358.23	2590.56	4965.27	9531.58	18281.31	91831.50	447019.39
50	64.46	84.58	112.80	152.67	209.35	290.34	406.53	573.77	815.08	1163.91	2400.02	4994.52	10435.65	21813.09	45497.19	280255.69	1659760.74

歷屆參考考題暨課堂練習參考解答

　　以下為歷年出過的期中考、期末考題，提供實施本課程的師生參考。其他有興趣的同學也可以做做看。

　　考前一週發試題，考試當天交電子檔即可。Open book, Open Everything.可以討論不可抄襲。遲交以0分計。

【2016期中考】

　　屏東大學的校園美觀、人潮眾多，適合做生意。你打算利用本校古色古香的舊宿舍，開一家「文創鹹酥雞」店，專賣「普羅旺斯嫩春雞佐地中海初炸橄欖油米蘭空運蘿勒葉」和相關周邊文創商品。請回答下列問題：

1. 初期資本需要1M，你自己CEO出200K另找了本班同學劉小妙100K、游小瑄100K、劉小志100K、龐小純100K投資，不足的部分向校務基金借貸。請製作資產負債表。（10%）

2. 第一年結束，本公司生產出春雞公仔價值1M和「開心春雞」App一套價值2M。支出部分：購置固定資產（攤位生財器具）200K，研發、購置原料等經常性費用500K，請製作資產負債表。（10%）

3. 假設以上產品能全數銷售完畢，請製作資產負債表。（10%）並說明文創業產品的特性。（20%）

4. 你的生意很好，開始有環保人士前來抗議油煙過大、廢水問題；鄰居抗議大學生太吵，影響住戶安寧；動保團體質疑殺雞不人道；文資團體檢舉歷史建築遭破壞……What do you do?（10%）並圖解說明企業與金融市場的資金流向。（20%）

5. 經過多年的努力經營，本店獲利狀況良好。你建議配發股息20M，每年以5%（r = 5%）成長，共10年；但是股東卻要求今年一次領220M，以後不領。What do you do?（10%）

6. 人可以共憂患、不能共安樂。四位同學股東賺了錢後想要各奔前程，要求你加50%買下他們的股份。What do you do?（10%）

【2016期末考】

1. 「人沒有夢想，不就和鹹魚一樣。」你的創業夢是什麼？如何經營？需要多少錢？要花多少錢？如何籌得創業所需的資金？如何運用財務槓桿？五年內的財務計畫為何？請作6頁以內的ppt，說明你的創業計畫。（40%）

2. 文創系優秀畢業生張小婷同學籌拍2019新春賀歲大片《超級鱸鰻》，劇情亂來、卡司堅強，需要資金100M。

   (1) 小婷計畫成立「大尾電影」股份有限公司，資本額100M。男主角孔明明除片酬之外，要求要占技術股20%，其他現金股份應以幾元認購？（5%）「文創一發」創投基金認購50%股權，總共花費多少錢？（5%）

   (2) 小婷看好《超級鱸鰻》的票房，預計將大賣1000M，所以打算出資買下10%的股權。她私下邀集親朋好友共襄盛舉，成立「棒棒婷」電影基金，分為100口出售，每口的價格應訂為多少？為什麼？（10%）

   (3) 同時大股東「文創一發」為了移轉風險，發行「鱸鰻電影債券基金」20M NTD，五年期，票面利率5%。一年後，市場利率降為2%，請估計鱸鰻電影債券的市值。（5%）

   (4) 《超級鱸鰻》上片之前，「大尾電影」IPO。股價當天飆上每股200元，請計算孔明明、「文創一發」、「棒棒婷」的潛在投資報酬率。（10%）

   (5) 小婷的同學小志也想投資《超級鱸鰻》，幫他想個辦法。（5%）

3. 保護文化資產就是愛台灣啦！但是保護文化資產要花錢，如何利用你從課堂上學到的財務知識弄到錢？（20%）

【2015期中考】

1. 文化創意產業的營運，在資產負債表上會表現出什麼特殊性質。
   （20%）

2. 天龍市十年前開始規劃興建泰山文創園區，當初政府投資100億。沒想到今年新上任的市長以「沒有水泥牆可以彩繪」為理由說建商違約，要求將蓋好的玻璃帷幕大樓拆掉，並賠償政府120億。試分析政府的利害得失（20%）；要是你是建商，要怎麼解決？（20%）

3. 圖示詳解企業與金融市場間的現金流向。（20%）

4. 製作這一個禮拜內你的現金流水帳。（20%）

【2015期末考】

1. 你獲得「文創一百」基金投資，成立一家影視劇本經紀公司。

   (1) 預計資本額100M，發行股數為何（5%）？

   (2) 預計發行200M公司債（10年, 5%）購入版權，財務槓桿率為何？
      （5%）

   (3) 安心馬小姐買了上述債券合計1M，第二年經濟不景氣，市場利率降為2%，安心馬的債券現在值多少？（5%）

   (4) 你經營相當成功，安心馬小姐若將持有債券要求以當初創立時的股票面值轉換為股權，請分析對你和安小姐的利弊得失。（5%）

   (5) 名編劇九千刀為安小姐量身訂做劇本《致我們終將喝完的咖啡》，拍成電視劇後，前五年的銷售版權收入如下：前兩年每年現金流量為30M，次兩年為10M，最後一年為5M。而拍攝成本為60M，r=5%，我們應如何評估這項投資？（20%）

2. 你家古厝夾壁挖出維梅爾名畫一幅，經荷蘭國立美術館鑑價為真跡，值NT$ 300M。你上次去澳門輸了不少錢，決定把畫拿到合法的當鋪典當。

   (1) 將收入現金：（5%）

(2) 三年後須償還：（5%）

(3) 若流當，當鋪拿去蘇富比市場拍賣，中國商人得標價為275M，請問當鋪總現金收入為：（5%）

(4) 當鋪的投資報酬率為：（5%）

3. 大學畢業後十年，坐你隔壁的同學邀請你投資他的「文創101」新公司，請擬一份對話劇本，含經營模式、金額、評估方式、投資決策……。（20%）

【2014期中考】

1. 金錢為何有時間價值？試舉例詳論之。（20%）

2. 試以你對資產負債表的理解，討論文化創意產業的特殊屬性。（20%）

3. 財務分析下列今年四位畢業同學的生涯選擇，並提出建議。適當的折現率r = 10%：（40%）

(1) 王小中考上公務員，每年薪資300K，服務40年後退休，再領3,000K退休金。（10%）

(2) 陳小廷從事社會運動，每年被罰款1,000K；10年後開始當選公職，每年收入2,000K，直到40年後死亡。（10%）

(3) 林小凡自行創業，前三年每年賠掉1,000K；然後每年賺進3,000K直到永遠（10%）

(4) 火雞妹進入演藝圈，每年收入10,000K，為期10年。紅顏老去後收入為0。（10%）

4. 蒐集台灣股票上市公司情報，以財務報表分析，選出你認為最適合投資的股票。（20%）

【2014期末考】

1. 屏教大游泳池新開幕，派你負責經營黑輪攤，但學校又不給你經費，

你該怎麼辦？（20%）

2. 你是文創100號創投基金的經理人，台灣第一名導九千刀送來一份新電影投資計畫《豬哥亮‧巴萊》，預計向你募資新台幣10億元，如何評估？（20%）

3. 你曾曾曾x10祖父留下清康熙年間花瓶一只，上電視鑑價節目鑑定為NT$ 3,000,000。時窮運蹇時，你決定拿到合法的當鋪典當。

   (1) 將收入現金：（5%）

   (2) 三個月後償還：（5%）

   (3) 若流當，當鋪以市價七折賣出，投資報酬率為：（5%）

   (4) 半年到期，你仍無力贖回，該怎麼辦？（5%）

4. 【電視產業財務管理】假設你現在負責製作綜藝節目《康熙又來了》，請做出一份簡要的收支財務計畫。（20%）

5. 大學畢業後十年，你當初最好的同學忽然打電話開口向你借10萬元，請擬一份對話劇本。（20%）

6. 請教Google大神，2008年衍生性金融商品導致的金融風暴，用淺易白話文為我們解釋。（20%）

課堂練習參考解答

【課堂練習1】多期單利

$2M * (1 + 6 * 3\%) = 2.36M$

【課堂練習2】複利

$2M * (1 + 3\%)^6 = 2.39M$

【課堂練習3】FVIF

查表得FVIF(5%, 5) = 1.2763   300M * 1.27663 = 383M

【課堂練習4】查表PVIF

　　查表得PVIF(3%, 5) = 0.8626　　500M * 0.8626 = 413M

【課堂練習5】72法則

　　72/10 = 7.2，大約七至八年間。

【課堂練習6】現值與終值

　　以終值法計算：

　　800K * FVIF(1%, 10) = 883K，選黃晶多

　　800K * FVIF(5%, 10) = 1,303K，選宋谷票

　　800K * FVIF(10%,10) = 2,077K，選宋谷票

　　以現值法計算：

　　1000K * PVIF(1%, 10) = 905K，選黃晶多

　　1000K * PVIF(5%,10) = 614K，選宋谷票

　　1000K * PVIF(10%,10) = 385K，選宋谷票

　　現值與終值會產生一樣的決策，但真愛最重要。

【課堂練習7】得到相同的年金現值

　　PVIFA(5%, 10) = 7.7217

　　C = 8.66M/7.7217 = 1.12M

　　每年年薪在1.12M以上就可以了。

【課堂練習8】一次請領年金

　　薪資現值 = 年金現值 = 2M * PVIFA(10%, 10) = 12.3M

【課堂練習9】成長型年金

　　利息現值 = 成長型年金現值 = $= 10K \times \left[\dfrac{1 - \left(\dfrac{1+2\%}{1+4\%} \right)^{10}}{(4\% - 2\%)} \right] = 88.5K$

【課堂練習10】NPV

先把第四年以後的永續年金現值算出來：2M/10% = 20M

然後在Excel輸入 = NPV(10%, -100, 20, 80, 10, 20) = 4.97 > 0

接受投資。

【課堂練習11】PP

PP：10 + 20 + 30 + 10 + 10 = 80　　五年內無法還本，不投資。

【課堂練習12】IRR

在Excel輸入：

= NPV(10%, -100, 20, 30, 40, 10, 10, 10, 10, 10, 10, 10) = 8.73

= NPV(12%, -100, 20, 30, 40, 10, 10, 10, 10, 10, 10, 10) = 2.44

= NPV(13%, -100, 20, 30, 40, 10, 10, 10, 10, 10, 10, 10) = -0.38

IRR介於12%-13%之間，超過要求的投資報酬率10%，應進行投資。

【課堂練習13】編製資產負債表

開心文創公司			
資產負債表		單位：百萬M	
資產		負債 + 股東權益	
流動資產		流動負債	50
現金	120	長期負債	110
應收帳款	25	負債合計	575
有價證券	200	業主權益	575
存貨	80 + 30		
固定資產			
生財器具等	30		
智慧財產	250		
資產合計	735		735

【課堂練習14】文創設計旅店的Business Model（略）

【課堂練習15】編製營運資金預估表（略）

【課堂練習16】技術股

先算出股份數分別為：施曼妮0.4M、阿雞師0.4M、文創百億0.2M

得出股價為：施曼妮4M/0.4M＝@10、阿雞師2M/0.4M＝@5、文創百億4M/0.2M＝@20

【課堂練習17】溢價增資

BTM舊股東持有1M@10，資本額10M。本回合增資預計再由新股東投資30M，希望能占ATM 60%股權。請問新股東的入股價格為何？

要先算出ATM的總股份數＝1M/40%＝2.5M

新股東持股數＝2.5M－1M=1.5M

新股東認股股價＝30M/1.5M＝20，也就是新股東須以@20增資。

【課堂練習18】營業循環與現金循環

0付出現金→5進貨→55製作完成→205銷貨→295收入現金

存貨期間＝205－5＝200 天

現金循環＝295－0＝295 天

營業循環＝295－5＝290 天

應收帳款期間＝295－205＝90天

應付帳款期間＝0－5＝－5天

在本案例中，現金循環＞營業循環；且應收帳款週期長、應付帳款週期短（負值）。相當容易發生財務危機。

【課堂練習19】債券價值與利率

債券發行一年後，已經拿到利息50K現金在手。剩下的coupon還有9期，九年後到期。

市場利率上升為8%：

　　　　債券價值=50K + 1M*PVIF(8%,9) + 50K*PVIFA(8%, 9) = 862K

市場利率下降為3%：

　　　　債券價值=50K + 1M*PVIF(3%,9) + 50K*PVIFA(3%, 9) = 1,205K

債券價值與利率反向變動。

您，了没？

趕緊加入我們的粉絲專頁喲！

教育人文 & 影視新聞傳播～五南書香

等你來挖寶

【五南圖書 教育/傳播網】
https://www.facebook.com/wunan.t8
粉絲專頁提供——

·書籍出版資訊（包括五南教科書、
　知識用書，書泉生活用書等）

·不定時小驚喜(如贈書活動或書籍折
　扣等)

·粉絲可詢問書籍事項（訂購書籍或
　出版寫作均可）、留言分享心情或
　資訊交流

封面
不定其
會更換

請此處加入
按讚

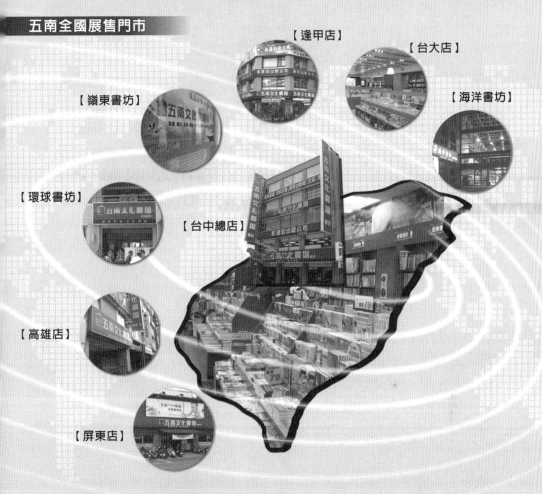

國家圖書館出版品預行編目資料

經營文化創意產業：由財務管理出發／施百俊
著. －－初版. －－臺北市：五南，2017.05
　　面；　公分
ISBN 978-957-11-9119-5（平裝）

1.文化產業　2.創意　3.財務管理

541.29　　　　　　　　　　　106004034

1ZFF

經營文化創意產業
由財務管理出發

作　　　者 ― 施百俊（159.6）

發 行 人 ― 楊榮川

主　　　編 ― 陳念祖

責任編輯 ― 李敏華

封面設計 ― 潘旻鴻

出 版 者 ― 五南圖書出版股份有限公司

地　　　址：106台北市大安區和平東路二段339號4樓

電　　　話：(02)2705-5066　　傳　　真：(02)2706-6100

網　　　址：http://www.wunan.com.tw

電子郵件：wunan@wunan.com.tw

劃撥帳號：01068953

戶　　　名：五南圖書出版股份有限公司

法律顧問　林勝安律師事務所　林勝安律師

出版日期　2017年5月初版一刷

定　　　價　新臺幣380元